जान जा
जीवन जीने की कला

लेखक
सन्यासिनी माँ हरी चेतना

Falguni Publishers & Distributors
Ghaziabad

First published in India 2018 by
Falguni Publishers & Distributors Delhi

ISBN: 978-93- 85494-39-0

Falguni Publishers & Distributors
RTB-160, Royale Tower
Shipra Sun City, Indirapuram
Ghaziabad-201010
E-mail: falgunipublishers@gmail.com

Laser Typesetting
Priyanka Graphics, Delhi

Printed and Bound in
Delhi

Rs. 199

आध्यात्मिक आन्तरिक रूहानी मार्ग
'जागजा'
जीवन जीने की कला जानना
(अज्ञात रहस्य)

गुमनाम बन्द पड़ा अज्ञात रहस्य,
सभी जीवित आत्माओं के तन।
अलौकिक ब्रहम ज्ञान अंदर घर,
अज्ञान के अँधेरे में सारतत्व।
आत्मा अंदर सृष्टि रचनाकार बैठा,
अन्तस् परमात्मा से मिलाप कैसे?
आंतरिक रूहानी मार्ग की यात्रा करे।

गजब जलवा राम का घट–घट जा समाय,
आप ही आप होए आरती देव हुए नतमस्तक।
सुनी काया जगमग होए मन की रचना देख,
खुला रहस्य ज्ञान का हृदय तरंगे उड़ती देख।
देख–देख हुये बावरे कण–कण रस बरसे आकाश,
पर्दा उठ जाय, जाने सब कोई तन का जलवा।
थिरकने लगेगा शरीर श्वासों की लहरों बीच,
एक सत्य उर्जावान स्त्रोत की धारा बहे मस्तिष्क।

श्रद्धावान के लिए तेजोमयी दिव्य ज्ञान का संदेश
मुकित का द्वार स्वयं के भीतर से होकर गुजरता हैं

भूमिका

पुस्तक में शब्दों का मायने समझना आसान नहीं है। जीवन की यात्रा तत्व ज्ञानी गुरु के सानिध्य में, परब्रहम परमात्मा से जुड़कर ही सम्पूर्ण होती है। प्रभु की कारीगरी काया से जान मैं खुद लेखक बन लिखने योग्य बनी। प्रकृति की स्वाभाविक प्रक्रिया स्वयं के भीतर से होकर गुजरते हुए देखना ब्रह्मज्ञान तभी समझ आता है। तत्व ज्ञान मात्र सुनने और पढ़ने तक सीमित न रह कर नई पीढ़ी के नैतिक और आत्मिक उत्थान का आधार बन सकेगी। सत्य को जानकर ही अचेत मनुष्य को सत्य की ओर मोड़ने का अहसास है। अंधकारमय जीवन को उजाले की ओर मोड़ सके। जो भी अपनी काया से बिना जाने लिखता है वह अपने लिए नर्क निर्मित करता है।

विशालता के साथ जुड़कर ही सत्य की विराटता के बारे में थोड़ा सा भी लिखुं, अपने को धन्य मानुंगी। मैं अपने कर्त्तव्य को बखूबी निभाऊँगी। मैं उन सभी का सदैव आभार प्रकट करूँगी जो व्यक्तिगत रूप से मेरे सहयोगी रहे। मेरे लिए ऊर्जा का स्त्रोत प्रभु की ओर से प्रेरणादयक रहा। मेरा संग सदैव आध्यात्मिक ज्ञान से परिपूर्ण महापुरुषों का रहा। मुझे जाने–अनजाने में आध्यात्मिक आंतरिक लोको के संकेत मिलते रहे। इस मार्ग का चुनाव स्वयं नहीं होता। हाँ, महापुरुषों पर आँख मूंदकर विश्वास करना मुझे ऊँचाई पर ले गया।

किसी पुण्य आत्मा में तत्व ज्ञान पूर्ण तौर से प्रकट हो वह सद्‌गुणों का भंडार हो जाता है। फिर ज्ञान का मानव जीवन के उत्थान के लिए प्रकट करता है। जीवन की विषय वासनाओं की मैल को साफ कर संसार में रहते हुए एक संतुलित और मर्यादित जीवन जिये। दिशा–निर्देश का

मेरा प्रयास है। गुरु की सिद्ध युक्तियों सहित जो भाग्यशाली आत्माएँ मनुष्य जीवन सफल बनाना चाहती है। वे आगे बढ़े भक्ति और ज्ञान का रस ले पाए। ब्रह्म आश्चर्य देखने के बाद महसूस होता है।

समुन्द्र सा विशाल सत्य शब्दों में कह पाना मुश्किल है। सुन्दर अभिव्यक्ति अपने अन्तस में खोजोगे तो पाओगे। परमात्मा का स्मरण नरक को स्वर्ग बना सकता है। द्वार, प्रभु का खोजा जाए, खोला जाए। अपना वजूद मिटा सुधबुद्ध खो अधुरा जीवन छोड़ पूर्णता की ओर बढ़ सकते हैं। परमात्मा से दूरी सबने बनाई हुई है। परमात्मा सर्वव्यापी है, सभी के साथ है। यहाँ के बनाये सारे सम्बन्ध नाशवान हैं। यहीं छूटने वाले हैं। सभी जानते हैं, एक सच्चा संबंध आत्मा और परम आत्मा का है। मेरा आप सभी का परमात्मा से है।

अन्तर्मुखी हो मन की विविधताओं को जानकर प्रभु मिलन का उल्लेख भौतिक जगत से परे उच्च लोको का ज्ञान उपलब्धि के बाद मेरा प्रयास है। मैंने सफलतापूर्वक प्रभु का भरपुर आशीर्वाद लेकर लेखनी चलाई। अपने अंधकार रूपी सागर से प्रकाश की ओर झंकार कर सिद्ध ज्ञान का संदेश लाई हूँ। यह कल्पना मात्र नही है। बस प्रभु की प्रयोगशाला में अपने को प्रमाणित करना है। बिन पंखो पक्षी जू उड़ना निस्सन्देह बड़ी–बड़ी उपलब्धि प्राप्त होती है। मन के पास एक विशाल लोक है।

यह सब स्थूल आँखों और कानो की क्षमता के पार शरीर से निकलकर चेतन अवस्था में पहुँचने के बाद होता है। वर्षों आंतरिक अनुभूति के दौरान सूक्ष्म आंतरिक जगत के असंख्य लोक दिखाई दिए। अन्तस का अस्तित्व एक सत्य है, इसमें कोई शक नहीं। दिव्य यात्रा आजीवन बाहरी संघर्ष झेलते हुए चलती रही। भीतरी अन्धकार में आंतरिक धुनों को सुनते हुए, प्रकाश की ओर नए रास्ते खोजने का मेरा प्रयास सफल रहा। मेरे मन के मंथन की अथाहचिर, दिव्य तन की नूतन भेंट अत्यंत महत्वपूर्ण संदेश देने में समर्थ हुई। जीवित सतगुरू से अमूल्य कुंजी मेरे हाथ लगी। उस दिव्य कुंजी ने मुझे आंतरिक प्रवेश करवा उच्चाईयों पर पहुँचाया।

बादलों में बिजलियाँ खनकती चमकती लौ का निकलना, आँखों का सारा अन्धकार दूर हो अथाह प्रकाश से ब्रह्मज्ञान की रोशनी भर चमक उठी। देह में महासौन्दर्य की उपलब्धि, रोम–रोम में सुमधुर सुगन्धित

झंकार उमड़ पड़ी। चारों ओर प्रकृति के अस्तित्व में हर्ष उल्लास नजर आया। दिव्य ऊर्जा के मधुवन उच्च लोकों का वर्णन असम्भव है। अन्तस के प्रांगण का परिवर्तनशीलता का संदेश लाई हूँ। उस सर्वश्रेष्ठ का वर्णन रहस्यात्मक का वर्णन करने का प्रयास है। जोगन एक विरहिणी की भाँति छटपटाती हुई सुन्दर दिव्य ज्ञान के मानसरोवर में प्रवेश कर गई।

स्वयं का दर्शन अलंकार या किसी काव्य का प्रकाश नहीं है। वास्तविकता आभा में जगता का देखना है। अभी जीवन का प्रभातकाल है, सम्भल जाओ। मध्यान्ह अपरान्ह अभी शेष हैं। संसार की अनित्यता पर थोड़ा विचार करो। बाल्यावस्था के बाद यौवनावस्था और प्रौढ़ावस्था और वृद्धावस्था का आना निश्चित है। अनिवार्य कह सकते है? यह बात सभी अच्छी तरह जानते हैं सैंकड़ों बच्चे बाल्यावस्था में ही यमराज का आहार बन जाते हैं। यह कौन निश्चित कह सकता है, अब कौन अतिथि बनने वाला है? जीवन का अंत तो कभी भी और कहीं भी हो सकता है। प्रभु ने शरीर रूपी पिंजरे के अनेक द्वार खोल कर भेजा है। आत्मा रूपी पक्षी शरीर रूपी पिंजरे में कब तक बैठता है। जानिये उड़ जाने में क्या विस्मरण है? जीवित रहना ही जीवन को आश्चर्यजनक मानो मृत्यु के बाद कोई आश्चर्य बचता ही नहीं। मरण का तनिक देर का आश्चर्य भी नहीं।

इसलिए प्रिय आत्मन, मध्यान्ह–अपरान्ह का आना कोई निश्चित नहीं कह सकता तो किसके भरोसे वर्तमान को व्यर्थ व्यतीत कर रहे हो। संसार में रहकर दुःख की मानसिक वेदनाओं से बचने का एक ही उपाय है, तत्व–ज्ञान की ओर बढ़ना। प्राण है तो जीवन है। प्राणों का त्याग होने के बाद कुछ सम्भव नहीं। सम्भल जाएँ। प्राणों की आहुति से पहले ही ज्ञान की ज्योति अपने भीतर प्रज्वलित करने की कोशिश करिये। अपने शरीर में मोक्ष रूपी वृक्ष का बीज अंकुरित करिये। फिर रुधिर के भीतर हरी–भरी शाखाओं को फैलने दें या संसार रुपी अग्नि से जलते हुए शरीर की अतापता लेना चाहते हैं। मत रोंदिये यौवन की अधखुली कली को, कठोर ह्रदय के तले। समझ जाएँ, बगैर तत्व ज्ञानी गुरु के कठोर ह्रदय के क्षेत्र में दिव्य ज्ञान का सुकोमल हरा–भरा कदापि अंकुरित नहीं हो सकता।

भावना से परिपूर्ण श्रद्धा की अंजली लिए स्थिर चित्त हो, दिव्य ज्ञान की ओर बढ़िये। प्रभु तो सभी के भीतर अमृत कोष लिए बैठा है। लेकिन

श्रद्धा, समर्पण से तप और तन का ज्ञान प्रकाशित हो खिल जायेंगे। कौन सी पुण्य आत्मा ज्ञान की ओर चलती है। अपनी दृष्टि में प्रभु का दुर्लभ भेद खोलना चाहेगी।

रहो न अधूरे चलो मेरे संग, सम्पूर्णता की ओर, राह कठिन है।
काँटो की गिनती नहीं, फूल को पाना है, अँधेरे में स्वयं की आभा।
पहचना करनी कठिन है, मैं तो रोज खिलती हूँ, संवरती हूँ प्रभु।
रंग में रंगती हूँ, गुरु ही साथ नहीं तो मंजिल क्या खाक मिलेगी।
बिन प्रक्रिया के सभी तन्हा हैं, कोरे ना रहियो खोज लो रंगरेज।

अन्तस से निकले शब्द

प्रियतम के दर्शन के बाद मैं आप सभी को क्या लिखित संदेश दे सकती हूँ। मैं तो अपना अस्तित्व ही भूल गई। अब तो प्रियतम पियारा प्रभु दिखाई देता है। अब संसार में होने का अहसास ही रह गया है, मैं तो देखने के बाद इतना ही कह सकती हूँ। अजनबी सी जरुर दिखती, मुख पर पड़ी चादर जो हटा ली थी। 'अन्तस का मणिका' घाट मोक्ष में बदल गया। मेरे लिखे का अफसाना यही सारा किरदार प्रभु का भरा। साहिल से जो इश्क कर बैठे पूरे अस्तित्व में कश्ती मौज में फिरा करती है। मैं पगली दिल पर हाथ रख कैसे सच्चाई ब्यान करूँ? श्रद्धा, भक्ति और थोड़े खट्टे–मीठे आँसू गुमनाम खामोशी के साथ चले थे। मिलने की चाहत लिए खामोश रात में चली थी। प्रभु बरस जायेगा, ये खबर भी ना थी हगको। बरसा भी तो ऐसा बरसा, मूसलाधार बरस गया। यही मदमस्त पैगाम भेजती हूँ।

इस पार प्रियतम का शहर बसता,
उस पार जाने क्या मिलता होगा।
महफिल में पहुँच कर बिखरती रही,
बिखर जाये ये जिन्दगी न रही मेरी।
दीवानगी मेरी सह न पायेगी जुदाई,
बड़ा खुबसूरत अंदाज निकला। प्रभु!

अहसास की खुशबू का, जितना डूबती हूँ,
उतना महक जाती हूँ, कैसा आश्चर्य है?
आत्मा का परमात्मा से मिलन हो गया,
भक्ति और आत्म ज्ञान का सूक्ष्म रस टपकने लगा,
रूह में समाये आँखों से दीदार पाया, प्रभु मिलन हो गया।

किसी भी जिज्ञासु को परमपिता परमात्मा के विरह के सिवा अन्य संसारी व्यर्थ बातों से दूर रहना चाहिए। कोई बहाना नहीं, मिटा दो अपने को, तड़प पैदा करो। विरह और तड़प मिलाप की ओर ले जायेगी। भीतर में मिलन की सच्ची तड़प होनी चाहिए। दिव्य सत्य खुलेगा सामने आएगा। जिसने रचना की उसी को भूल गये। जो भी भीतर चल रहे मूल स्त्रोत की एक झलक देख लेता है, वह खोज रूहानी मार्ग की ओर ले जाती है। भीतर बन्द परमानन्द का फव्वारा फूटता है। मूल में पड़ा सत्य का प्रकाश झरने लगता है। प्रभु को झाँक लो, आँख वाली खिड़की से कण–कण में झाँकता दिखाई देगा। तलाश के बाद गहराई सबकी अपनी है। कहाँ तक तैर सकते हैं, देख सकते हैं, सबकी अपनी सामर्थ्य अनुसार है।

मेरी आत्मा का तत्व परमात्मा के ज्ञान से लहलहा उठा। मेरा प्रयत्न और तन की उत्तेजना तत्व ऊर्जा से भरती रही। इस प्रकार शरीर का मूल बीज हृदय की उर्वरा भूमि में छिपकर अंकुरित हुआ। मैं प्रभु के अस्तित्व में खुले आँगन में आ पहुँची। धीरे–धीरे सूखा जीवन, नया जीवन बन लहलहा उठा। अंग–अंग बिजली के प्रकाश भाँति जगमगा उठा। इसी प्रवाह में सुबह ढली, साँझ ढली, दिन पर दिन बीतते गये। परमाआनन्द में जवानी का पता नहीं चला। सृष्टि का रहस्य अनंत है जो अनंतकाल से चला आ रहा है, चलता रहेगा। कोई भाग्यशाली ही इस रहस्य को जान पायेगा मैं अपने भीतर असाधारण घटनाओं की स्मृतियाँ संजोये बैठी यदि परमात्मा की अनुभूति का सम्बन्ध जाति, राष्ट्र या धर्म से होता तो प्रभु की अनुभूति किसी को नहीं होती। यह ज्ञान यौवन की मस्ती में शीघ्र प्राप्त किया जा सकता है। हर्ष और उल्लास के साथ गुरु प्रक्रिया के अनन्तर ध्यान की पवित्र अग्नि जलाई जाती है। युवा भक्ति

और श्रद्धा आत्मा में ध्यान समर्पित करते हैं, ध्यान में उतरते हैं। साथ–साथ पूरा तन धुनों से मुखरित होने लगता है। मन, उन धुनों को सुन नाच उठता है।

प्रभु की ओर झुकाव स्वाभाविक होता है। भक्ति भीतर जागती है, कुदरती अंकुरित होती है। विरला भाग्यशाली इस राह की खोज करता है। कुछ ही भाग्यशाली जीव केवल प्रभु को पाने के लिए भक्ति करते हैं।

मैं आँखों से टकटकी बाँधे आसमान की ओर देखने लगी,
वाह आँखों की पौ (उदय) फटने लगी थी, मैं लिखने लगी।

मैं चिल्लाने लगी। मुँह उपर उठाकर देखने लगी। कितना सुन्दर मनमोहन आकर्षक दृश्य आँखों में घुमने लगे। भीतर ही भीतर सागर का समूचा जल छूने लगी हो। धीरे–धीरे गहरे समुन्द्र में उतरने लगी। अपने आप ही कृष्ण प्यारे से बात होने लगी। एकाएक आधी रात मेरी आँखे खुली। मैं लिखने लगी।

हे कृष्ण! आँखों में प्रेम भरी दो बातें हो जाती,
पल में ओझल खाली हाथ यूँ ना हमको लौटाओ।
पल–पल यूँ ना तड़पाओ, फिर आकर बहला जाते हो,
मेरे अन्तस में विरह की अग्नि ना सुलगाओ।
आज दिल के आँगन में कृष्ण प्रेम महका है,
जग की क्या परवाह, वो बदनाम ही करता है।
उनकी क्या सुनाऊँ, झगड़े झंझट की गाथा,
चिंता में रहने वाला बदनामी की बातों से।
मेरा कोई नाता नहीं, मेरा जन्म–जन्म का नाता,
श्वास–श्वास से सिमरन तेरी ही करुंगी
हे कृष्ण! मुक्ति का प्याला भर–भर पिऊँगी,
यमराज का ड़र नहीं, पीड़ा ना मौत की सताएगी।
हे कृष्ण! तेरा–मेरा गजब का नाता, दुनियाँ को ये न भाता,
याद ना आता दुखमय जीवन नहीं जग की चिंता।
तू प्राणों का दाता स्वास के साथ भीतर आता–जाता,
प्राणों के दाता नैनो में भर आती जल की धारा।

हे प्रभु! याद करके मेरी रूह भीग–भीग जाती है, आत्मा तड़प–तड़प जाती है। हे मनमोहन! आपको क्या बतायें, मेरी आत्मा का श्रृंगार तुम्हारा नाम है। इस देह की तड़प में पल–पल रह के गुजर तुम हो संग मेरे। दिन–रात प्राणों की ज्वाला में तुम्हारी याद सुलग रही है। इस तन में हे गोपाल! याद रोज निखर–निखर कर आती है। तन की याद की सुन्दरता में मेरा यौवन सुख गया। मैं क्या करूँ, अब तन का होश नहीं। क्या मेरा कसूर है? कृष्णा ये मेरी जीवनशाला है। प्यारी तुम्हारी कृष्ण, अब तो यम भी आये तो सखा बन वापस चला जाये।

बेहोशी की हालत में आई तेरे द्वारे,
मरी हो कृष्ण विरद प्रेम में भारी।
गले तुलसी कंठी धारी,
महल गाड़ियाँ सब छोड़े।
अब आशा ना चाहिए,
कृष्ण नाम का तुलसी का पत्ता।
रस प्याला मुख बीच चाहिए।
यही नाम रसना याद रहे,
मेरा सपना और मेरा विश्वास है।

हे प्रभु! एक धुंधली सी सूरत लिए हृदय में साफ उतर आये। सारी जवानी बीती बस अन्तस की अंतिम ये पीड़ा आशा चाहिए। गंगा की धारा तुलसी रस का प्याला भीतर में बहना तेरे नाम का चाहिए। जो सूरत मेरे हृदय उतरी अब ना संसार का ध्यान चाहिए। प्रभु अद्‌भुत रचना मेरा विश्वास यही। भूल गई मन्दिर, मस्जिद, चर्च में जाना। छूट गया माला का जपना। चला दौर तेरे इश्क मग्न का मंगल। कृष्ण रस में हुई रसीली आँखों को देख हुई मदहोश। कृष्ण की महफिल सजती है रोज। दौर खुशियों का चलता–फिरता एक यंत्र। तेरा रूप सजा है अजीब। जादू डाला बस कृष्ण प्रेम का मौसम आया। अब कहीं के कहीं पहुँचे परवाह नहीं दुनियाँ की। नहीं मनाते दुनियाँ को।

हे कृष्ण! कृष्ण प्रेम के प्याले अब घट में मौज समुन्द्र सी चाहिए। प्रेम तपश का दरिया अन्तस में बहना चाहिए। सब जगह जलवा तेरा एक तू

ही तू नजर आये। तेरी महफिल सजी चारो धाम।

कृष्ण कन्हैया की महफिल सजी है। उनकी रहमत मुझे महसूस हो रही है। ब्रह्म से उपजा कृष्ण बीज और मेरे गोविन्द से उपजा मनमोहन विडंबना कैसी है? मैं पास खड़ी सब देख रही हूँ। छेड़ता है वो, तान बनकर दिल से होकर जाता है। तन–मन घायल कर जाता है। मैं हूँ मनमोहन तुम्हारी पहचानी। तुम्हारी ध्वनि सुन–सुन चंचल हो उठता है, अन्तस में मच जाती हलचल। मैं हूँ मनमोहन का चिर प्रेमी। उसी चिर ध्यानी नाम का प्याला लेकर मस्ती भरने आई हूँ। वर्षों से अपने मनमोहन से परिचित मुझे बनाया ध्यानी, मैं हुई चिर ज्ञानी।

मेरा एक परिचित, मैं उसकी प्रेमिका,
ध्यानी बस एक की ज्ञानी।
मैंने पूछा, क्यों मुझको मदहोश बनाता,
बता मुझे क्या मायने हैं इसके श्री कृष्णा।
दीवानी तेरी बन भर–भर प्याले पिये अमृत,
हो गई मदहोश अब सुनती तान नित नई।
मधुर नित्य सुनती दीवानी बावरी हुई,
मैं गजब की दीवानी, मुझे ये मालूम।
कोई माने या ना माने, मेरा विश्वास है कन्हैया,
मेरे दिल के पास ब्रह्माण्ड के कण–कण में वास कन्हैया

प्रिय परमात्मन संसार के रचयिता का संदेश–पत्र

संसार की सभी प्रिय आत्माओं में बैठे परमात्मन तत्व को मेरा कोटि–कोटि नमन

मानो या न मानो बसन्त ऋतु थी। चारों ओर से सीरी–सीरी वायु की ध्वनि साफ चलती सुनाई दे रही थी। उस रात की सर्दी का कड़कना आज तक नहीं भूली। जैसे कुओं, तालब, नलकों का पानी जम गया हो। मैं अपनी कुटिया से बाहर निकली। ऐसा प्रतीत हुआ जैसे गाँव ही उजड़ गया हो। शमशान की भाँति सन्नाटा नजर आ रहा था। बाहर का शून्य देख मेरे भीतर खलबली सी मच गई थी।

मैंने जैसे ही आँख बन्द की, अचानक मेरे भीतर कुछ मनोहर दृश्य घुमने लगे। मुझे कुछ अजीब–सा महसूस हो रहा था। आँखों में तैरते दृश्य जीवन में कुछ शुभ भरना चाहते थे। पल भर के लिए गाँव के हरे–भरे झूलते खेत, हिरणों की क्रीडा, भिन्न–भिन्न पक्षियों का कलरव, अदभुत छटा देखने को मन लालायित था। सूर्य देव के उदय होने में समय था। अभी तो आकाश में तारे बिखरे दिखाई पड़ रहे थे। आज की आधी रात मन भीतरी दृश्यों का शिकार खेलता नजर आया। भीतर ही प्रयाग जाने का आनन्द आया।

मेरे नेत्र भीतर ही भीतर आकाश चढ़े थे। टूटी–फूटी घास की झोपड़ी, मिट्टी की दीवारें जीवन की कुछ विचित्रता रही। महीनों से चल

रहे अनुष्ठान से हड्डियाँ निकल आई थी। मेरे नेत्रों में ज्ञान का प्रकाश महकने लगा था। मतवाली आँखें प्रभु को भेंट चढ़ी आँखों से अश्रु के बिंदु बहने लगे, जुड़े हाथों पर गिरे। आज आँखे रोई नहीं, ये प्रभु प्रेम में मतवाली हो बह चली थी। खड़ी–खड़ी फिर से आँखें बन्द किये दृश्य देखने लगी। हे प्रभु! तेरे आने का शुक्रयादा कैसे करूँ? किसे मुबारकबाद दूँ। तुम उतरे इन नैनों में बिन बताये। मैं स्वागत के लिये तैयार खड़ी। कैसे अभिनन्दन करूँ? यह रंग रूप दिखा के कहाँ जाते हो? अभी विदाई का समय नहीं आया। समय निकल रहा है। मैं मुरझाई कली खड़े–खड़े निहारूँ। तुम जयमाला गले में पहनाये जाते हो। उस दिन सुहाने रागों के आलाप से पूरा ब्रह्माण्ड गूंज रहा था। सुनते–सुनते आँखें खुली। अर्द्ध रात्रि का सन्नाटा मुझसे टकराया हो। मैं किवाड़ की ओर लपकी। किवाड़ को पकड़ा। चिंतित भी नहीं थी। उदास भी नहीं। हाँ, आशाओं और विषयों की गाँठ जरूर खुली। जिन आशाओं ने कल तक रूलाया उन्हीं के त्याग से मुख मंडल पर दिव्य भर आया। आँखें विकसित हो चली। प्रभु निकट आया। स्पर्श किया। इस मेरी पहली घटना को स्मरण कर दिल में आज भी प्रेम के आँसू छलक आते हैं।

प्रेम मद भरी मतवाली योगिनी एकांत शान्ति भरती गई।
तीर्थों का कर भ्रमण बिखरी ज्ञान की लहरों से तन खोलती गई।
प्रभु प्रेम रसपूर्ण शब्द सुनती भीतर भरती नैना तकती गई।
बेशुमार शब्द कानों बजे, घुंघट उठा प्रकृति का प्रभु ने हृदय लगाया।
ये कौन उतर आया? मेरे हृदय जिसमें मिटने का आनन्द भर आया।
रहस्य का सागर हाहाकार मचाई, स्वरों की गर्जन देह भर आई।
मंगल आँसू नैना भर आये मैं आंचल दीप छिपाए बैठी थी।

मेरे प्रिय आत्मन

मैंने जो सपना देखा, मैं उसी द्वार पहुँच गई। जीवन की समाप्ति से पहले मैं तो कहुँगी स्वर्ग का रास्ता मिल गया। जैसे ही द्वार खुला परमात्मा को सामने खड़ा पाया। आज इस विराट के सामने खड़े होकर सब कुछ छोटा लगता है। मेरी मैं मिटते ही दुःख की छाया के पार हुई। सभी जाने कौन से भ्रम लोक में जीते हैं। स्वयं को जाने बिना क्या–क्या

समझ लेते हैं। हमारे भीतर प्रभु का अनन्त फैलाव विस्तार को जानने से चूक रहे हैं।

सिद्ध संत कह दिना अखंड ब्रह्माण्ड भेद जाना,
बिना माला मन्त्र ज्ञान सकल के घट को दीना।
तत्वदर्शी संतो मूल जान पूर्ण ज्ञान कह दीना (पूर्ण ज्ञान–तत्वज्ञान)
रची सृष्टि पूर्णज्ञान रचयिता, संतो घट से जाना,
पूर्ण परमात्मा के हुए शरणी खोला भेद ब्रह्ममाना,
अपनी परछाई से आती प्रतिध्वनि सुन लीना,
स्वयं को उपलब्ध भेद सूक्ष्म इशारा कर दीना।

एक कहानी पढ़ रही थी। एक राजा ने अपने नगर में घोषणा करवा दी कि कल महल का मुख्य दरवाजा खोला जायेगा। उस समय जो व्यक्ति महल की किसी भी वस्तु को हाथ से स्पर्श कर लेगा। सबसे पहले छू लेने पर वह वस्तु उसकी हो जायेगी। वह वस्तु उसी को मिल जायेगी।

इस घोषणा को सुनकर शहर में बहुत हलचल–सी मच गई। सभी आपस में बात करने लगे। मैं अमूक वस्तु को हाथ लगाऊँगा। नगर में पूरा दिन यही चर्चा रही। सभी अगले दिन के सूर्य उगने का इन्तजार करने लगे। नगर में तो खलबली–सी मच गई। सभी आपस में यही बातें करते रहे। आपसी चर्चा में कुछ लोग कहने लगे मैं तो स्वर्ण को हाथ लगाऊँगा। कुछ कहने लगे मैं कीमती जेवरात को हाथ लगाऊँगा। जो घोड़ों के शौकीन थे, उन्होनें घोड़ों का नाम लिया। जिनको हाथियों का शौक था, उन्होनें हाथी का नाम लिया। इसी तरह कुछ लोग कह रहे थे, मैं दुधारू गऊँओं को हाथ लगाऊँगा।

आप सभी अपने भीतर कल्पना कीजिये। कैसा अद्भुत दृश्य रहा होगा?

सुबह का सूर्य निकलने वाला और महल का मुख्य दरवाजा खुलने वाला था। सभी खुले मैदान में टहल रहे थे। जैसे ही सूर्य की किरणे सुन्दरता लिये उदय हुई। उसी वक्त महल का दरवाजा खुला। दरवाजा खुलते ही लोगों का समूह भागा, अपनी–अपनी वस्तु को हाथ लगाने के लिये।

सबको अपनी वस्तु की जल्दी थी। इस बात का डर था कि मेरी वस्तु कोई दूसरा न ले ले। सबको अपनी पड़ी थी। अपनी मनपसन्द वस्तु को हाथ लगा दूँ। ताकि वह वस्तु हमेशा के लिए उसकी हो जाये। यह तो सभी के मन में था, मेरी वस्तु मेरे से पहले दूसरे की न हो जाये। मेरे मनपसंद की वस्तु मेरी न होकर दूसरे की न हो जाये, सभी इस भागदौड़ में इधर–उधर भाग रहे थे।

राजा अपने एक उच्चे सिंहासन पर बैठा–बैठा सब देख रहा था। अपने महल में हो रही भागा–दौड़ को देखकर मुस्कुरा रहा था। उसी समय राजा की नजर महल के मुख्य दरवाजे की ओर गई।

राजा ने देखा एक बहुत छोटी–सी कन्या उसकी ओर चली आ रही है। राजा एकटक देखता रहा। शायद यह भी महल में किसी वस्तु को हाथ लगाने आई हो। यह सब देखकर सोच में पड़ गया। इतनी छोटी–सी कन्या उसकी ओर ही चली आ रही है। विचारने लगा यह कन्या बहुत छोटी है। शायद कुछ पूछने के लिए आ रही है।

वह कन्या धीरे–धीरे चलती हुई राजा के पास आ पहुँची और उसने अपने नन्हें हाथों से राजा को पकड़ा और छोड़ दिया। राजा को छू दिया। जोर से ताली बजाने लगी। राजा को हाथ लगाते ही राजा उस कन्या का हो गया। राजा की प्रत्येक वस्तु भी उस कन्या की हो गई।

जिस प्रकार राजा ने सबको एक मौका दिया। उन्होनें लालच के कारण फिर से गलती कर दी। ठीक उसी प्रकार ईश्वर भी हमें प्रत्येक श्वास के साथ एक मौका देता है और हर रोज फिर वही गलती दोहराते हैं।

ईश्वर को पाने की बजाए ईश्वर की बनाई हुई संसारी वस्तुओं की कामना करते हैं और उन्हें प्राप्त करने का यत्न करते हैं। हम कभी इस बात पर विचार नहीं करते है कि यदि ईश्वर हमारा हो जाए तो उसकी बनाई प्रत्येक वस्तु भी हमारी हो जायेगी।

परमपिता की चाहना और परमपिता से चाहना दोनों में बहुत अन्तर है। उस अन्तर को जो समझ गया वही ईश्वर के मार्ग की ओर चल सकता है। जीवन का सारा उपद्रव समाप्त हो जाएगा। प्रभु की सुन्दरता जमीन से आसमान तक भरी हुई है जो किसी को दिखाई नहीं देती। उसी तरह मन एक शक्तिशाली यंत्र की भाँति घूमता है। एकाग्रता को

बाँधकर निरन्तर बाधक विचारों का नाश कर सकते हैं। शरीर आत्म बल से भर शक्ति सम्पन्न हो जाएगा। फिर परमात्मा को पाने का योग बन जाएगा। अब विदाई लो, सब निरर्थक बातों से। बाहरी बखेड़ो में समय नष्ट मत होने दो। अपने भीतर प्रेमवती को झाँको। जगाओ प्रेम को उसमें घुँघट ओढ़े परमात्मा बैठा है। क्रोध का विसर्जन करो, वरना ज्ञान की चरखिया तोड़ डालेगा। सर्वशक्तिशाली परमात्मा का भेद कभी समझ न पाओगे।

मैं खुद तुम्हें लाख समझाऊँ, ध्यान की बातें लाख सिखलाऊँ।
मैं तन्हा हुई, प्रभु को पा गई, यही बात सबको बतलाऊँ।
जिन्दगी बिन पंख उड़ जाये।
सुबह जागने के बाद, तुरन्त रात होती है,
खैरियत नहीं पूछती, तकलीफ नहीं देती।
कर्मों का हिसाब है, मेरे प्रभु के पास।

अपने ध्यान में और कुछ न मिले तो नृत्य भर लेना। नृत्य में प्रेम घोल नाच लेना। नृत्य को ध्यान बनाना नृत्य को पूजा बना लेना, इससे सरल और सुगम उपाय कोई नहीं। अभ्यास से सहज सरल समाधि में आते जायेंगे। आसानी से अहंकार–विकार सब गिरते जायेंगे। बड़ी अद्‌भुत तरकीब है। इससे आसान और सरल मार्ग कोई नहीं है। अगर नाच सको, खुल कर नाच लेना। अपने हाथ–पैरों को खोल देना। जी भर कर नाच को पीना, घूट–घूट पीना। अपनी ही ऊर्जा का महसूस करना, देखना। देखना नाच के ऊर्जा कैसे शीघ्र एकत्रित होती है। नृत्य में अपनी खामोशी से मिलना, खुद में जीने की कला आयेगी। सारा अहंकार नीर की तरह बह जाएगा, रेत की तरह ढह जायेगा। अपने पीर से फांसला न रह जायेगा। खुद के भीतर का सारा मलबा अपने आप बाहर निकल जायेगा। आध्यात्मिक नाच आ जाये, सूफी नाच आ जाये। भीतर की बन्द कोठरी से सहज बाहर निकलना आ जायेगा। सच्चा व्यक्ति सच में बैकुण्ठ के करीब नाचते–नाचते पहुँच जायेगा। स्वयं का निवारण अंतरमन में छिपा है। संसार रूपी सागर में मछली समान हो जाना, शून्य का अनुभव एक क्षण में हो जाए।

नाचते–नाचते चित्त को खाली कर देना। नाच में पूजा ध्यान सब होता चला जायेगा। नाच से सरल और सुगम उपाय नहीं हो सकता। नाच कर खूब देखो, तुम्हारी ऊर्जा तुम्हीं पर खर्च हो रही है। नाच का मामला पूरा व्यक्तिगत है। स्वयं का नृत्य भीतर स्वयं की रचना उभर कर आती है। यह मनोवैज्ञानिक सत्य है। आत्म अनुभव पूरा व्यक्तिगत मामला है। जिस तरह भक्ति में भक्त का अपना–अपना अनुभव होता है। वैज्ञानिक निष्कर्ष दो चार मिलेंगे। वह संशय रहित हो, कह नहीं सकते। भक्ति में भक्त नृत्य में अनेकों अनुभव उतरते देखता है। भक्त प्रभु की इच्छा मानकर चलता है।

वक्त की छाप महाकुम्भ में छोड़ आई,
लिख आये अपना नाम गंगा की रेत पे।
रंगते नूर था, तू इतना करीब था,
घाट में उतरने का मतलब प्रभु मिलन था।
निशब्द मरना और झरना प्रेम का घटना था।
शोर की भीड़ में झलके गीत गाकर मुझमें,
जैसे नदी सागर में मिलकर खामोश थी।
चाहत जिसको जितनी थी उसने उतना पाया,
मगर इस बहाने हमने दुनियाँ देख ली।
सरेआम नदी मेरी जलती पीड़ा हृदय,
उड़ती देखी, क्या लिखूँ प्रभु भरा अन्तस्

दूसरा महाकाव्य प्रभु को पाने का प्रेम है। यहाँ शब्द लिखने में असमर्थ हो सकती हूँ। वहीं प्रेम प्रभु को पाने में पूरी तरह समर्थ है। प्रेम में पिघलना है जिस प्रकार पिघला हुआ सोना किसी भी आकार में ढाल सकते हैं। उसी प्रकार प्रेम से शरीर विकार पिघल कर बाहर निकल जाते हैं। प्रभु से मुलाकात दूर नहीं। आँखों को बन्द करो, अपने इष्ट का नाम लो। ठंडी हवा की श्वास का जाम प्रेम सहित भरो। गुरु की बताई हुई तरकीब से इष्ट मन्त्र के प्रत्येक श्वास के साथ दिलकश पैगाम प्रभु के नाम लगाओ। देखो, कैसा नशा चढ़ता है। गुरु मन्त्रों से छलकते पैगाम रोज पीओ। मैं फकीर होकर रोज पीती हूँ। मदमस्त रहती हूँ। मुझे

नशे में बहकने के लिए पूरा अस्तित्व मिला। संसार को खबर भी नहीं हुई। मैं कितना अमीरस रोज पीती हूँ। हवा के झोंके के साथ प्रभु की खुशबु का नशा लेती हूँ।

मैं तो यही कहुँगी,
प्रभु के साक्षात्कार के बिना, तू कितना अंधा रे बन्दे।
दुनियाँ छोड़ एक बार, दीदार नैना भीतर भर ले बन्दे।
ज्योति मन्दी पड़ जाएगी रे बन्दे,
दूर प्रभु के साये से हो जायेगा।

प्रेम की राह अति आसान है। मैं तो प्रेम की राह जानूँ। प्रभु प्यारे, मुझे ऐसा कोई संकेत दो कि मेरा हृदय भाव–विभोर रहे। प्रेम का आनन्द ही अलग है। प्रेम से भीतर के राग सुनो। ध्यान में चिराग जलाओ। जला दो ध्यान में अहंकार दमग उठे काया। कुंदन सी काया में प्रभु प्रेम की आग जलाओ। जहाँ कोई ओर रंग न टिक पाए। निकाल डालो सारे अवगुण। टूट जायेगी अन्तस की जंजीरे खुल जाए द्वार। प्रियतम संग ऐसी लगाओ लगन। ध्यान में चिराग आसमाँ तक भभक उठे। नाभि केंद्र से कुण्डलिनी शक्ति जागृत हो, मस्तिष्क तक पहुँच जाये, तो बात बन जायेगी। काया दमक उठेगी।

अपनी भीतरी उन्नति चाहते हो तो अपने अवगुणों को बाहर कीजिये। साधारणतया अपने भीतर रोज झाँक कर देखना आवश्यक है। भीतर में क्या भरा कैसे विचार? किसी के प्रति निन्दा भरी है या इच्छाएँ व महत्वाकांक्षायें भरी हैं। यदि आत्मा की यात्रा में विजय चाहते हैं तो अपनी कमियों को दूर करना आवश्यक है। अंतःकरण की शुद्धि अति आवश्यक है।

अगर आत्म–नियन्त्रण में भावनायें और विचारों पर काबू हैं। दूसरा संकल्प लेना अति आवश्यक है। आत्मा की प्रगति की धारा में कोई भी अभ्यास में प्रेम भरना आवश्यक है। प्रेम किसी से हो सकता है। जिस वातावरण में बैठ कर साधना कर रहे हैं, वहाँ की प्रत्येक वस्तु से प्रेम करना होगा। सभी को प्रेम देना होगा। प्रेम कोई माँग नहीं, दूसरा दे तो हम प्रेम दें। प्रेम का दरिया एक बार बहना शुरू होता है, फिर नहीं

रूकता। अन्तर्मुखी होने के लिए प्रेम का दरिया निश्चित ही प्रभावित केंद्र पर चोट शीघ्रता से करता है। ध्यान केंद्र बिंदु पर नियंत्रित हो जाता है। चिरकाल तक ध्यान चलता है। मन की स्थिति स्वभावतः ही शीतलता में बदलने लगती है। जो स्वभाव बार–बार मौसम की तरह बदलता है, वह अपने स्वरूप में बैठ जाता है। स्वभाव का अर्थ ही देखा जाये, अपने आप में स्थित होना है। भीतर ही सारी भटकना समाप्त हो जाए। अपने में रहना आ जाए। मोह की दलदल और क्रोध की अग्नि से बाहर आ जाए। अपने स्वरूप में टिकने से व्यवहार ही बदल जाता है। प्रेम रस रह गया।

ध्यान में प्रेम भरे शीघ्रता से बात बन जाए। आत्मा को स्वयं के लिए तृप्त करना। मैं एक बार चित्रकूट के गंगा घाट पर एक बहुत सुन्दर पुरानी कहानी पढ़ रही थी। पढ़ते–पढ़ते भाव–विभोर हो गई। जिसने भी इस कहानी को लिखा होगा, लिखते समय उस पेड़ का भरपूर आनन्द लिया होगा। खैर कहानियाँ ज्यादातर काल्पनिक ही होती है। यह कहानी मेरे मन में बस गई। लिखने वाले के मन में कितना प्रेम भरा होगा, मैं तो यह सोच रही थी। जो इस प्रकार है –

"एक बहुत पुराना वृक्ष था। पूरे आकाश में उसकी शाखाएँ फैली हुई थी। तेज हवाएँ चलती तो शाखाएँ झांझ, मंजीरे की तरह बजने लगती। पत्ते आपस में टकराते, नाचते हुए महसूस होते। मनमोहक स्वर लहरी उत्पन्न होती, बड़ा ही आनन्ददायक वृक्ष था। लेखक का मन स्वतः ही उमंग से भरा नजर आता है। ऐसा लगता है जंगल के बीच खड़े होकर वृक्ष नाचने लगता। मानो विश्वास से भरा हो। आज मुझे लिखते हुए जो आनन्द आ रहा है, कह नहीं सकती।

पवन से उत्पन्न मधुर ध्वनि जैसे कोई सुन्दरी अपने प्रियतम से मिलने के लिए, गहरी और लम्बी साँसे भर रही हो। ब्रह्मांड में गूंजती हुई कोई दल बना रही हो। आकाश रूपी बादलों के भीतर मांगलिक संगीत चल रहा हो। मैं भी लिखने का भरपूर आनन्द ले रही हूँ, वन–प्रदेशी लताओं के नाचने का। उस वृक्ष का सुन्दर आकर्षण वातावरण में भंवरों का समूह मस्त होकर मधुर गुंजार कर रहे हो। ऐसा महसूस हो रहा था। कोयल के स्वरों में फूल के पराग स्नान कर रहे हो।

उस पेड़ पर फूल झड़ने लगते, फल लगते। फलों और फूलों की सुगन्ध से बसंती वातावरण देखने के बाद ऐसा लगता, जेसे विश्व की

सुन्दरी प्रकृति ने अपने तन को रेशम के वस्त्र से ढांप रखा हो। अत्याधिक कोमल कम्पन सम्पूर्ण सृष्टि में सुखद और मनोहारी लग रहा था। दूर–दूर से पक्षी आते। भंवरे तितलियाँ उड़ती चली आतीं उसकी डालियों पर बैठते। पक्षियों की चहचाहट से वृक्ष गूंज उठता। उसकी ठंडी छाया में बन्दर उछलते–कूदते रहते। उसकी घनी छाया में फैली टहनियाँ उस पेड़ का स्वरूप अन्य पेड़ों से आकाश की तरह सुन्दर दिखता। गाँव भर के लोग आते–जाते, उसकी छाया का भरपूर आनन्द लेते थे।

गाँव का एक छोटा बच्चा अक्सर उस पेड़ के नीचे खेलने आता। वह बच्चा सारा दिन पेड़ के नीचे खेलता। अपनी हँसी से युक्त अभिनय करता, जैसे के भारी वृक्ष को सुख का साथी मिल गया हो। जिस तरह कोई रंगमंच पर आकर तरह–तरह के अभिनव करता, खेलता। वृक्ष दर्शक भाँति देखता और बहुत खुशी होती। सर्वत्र सुखमय वातावरण दिखता।

कभी पेड़ पर चढ़ता, कभी छलांगे लगाता। सुनने में आया, उस पेड़ को उस बच्चे से प्रेम हो गया। हाँ, प्रेम हो गया। बड़ों को अक्सर प्रेम हो जाता है। अगर बड़े इस बात से अनभिज्ञ हैं, हम बड़े हैं, उसी तरह वृक्ष को पता नहीं था के मैं बड़ा हूँ। यह जानकारी व्यक्तियों की होती है। इसीलिए तो उनका प्रेम मर जाता है। वृक्ष का निर्दोष प्रेम है। वह इस बात से बेखबर है कि वह बड़ा है।

प्रेम के लिए कोई बड़ा छोटा नहीं। अहंकार जब भीतर में पलता है तो बड़ों से सम्बंध जोड़ता है। प्रेम तो सभी से जोड़ता है, जो भी आये उसी को प्रेम देता है, सत्कार देता है।

बच्चा छोटी शाखाओं को झुकाता, उन्हें पकड़–पकड़ कर लटकता। फल तोड़कर खाता। घंटों फूलों से खेलता। प्रेम तो झुकता है। सदैव झुकने को राजी होता है। अहंकार तो सीना तान के खड़ा हो जायेगा, कोई उसे छू न सके। वह कभी झुकेगा नहीं। छू लिया तो वह छोटा हो जायेगा। वैसे भी उस वृक्ष पर इतने फल लगते, डालियाँ अपने आप झुक जाती।

जब भी बच्चा आता, उसको देखकर पेड़ के अन्दर सिहरन–सी

उठती। बच्चे की छुवन महसूस कर वह पेड़ प्रेम से सराबोर हो जाता। खुशी से उसकी शाखाएँ और जोर से झूमने लगती, जैसे किसी गीत पर नृत्य कर रही हो। पेड़ के प्राणों में आनन्द भर जाता। प्रेम में ही आनन्द दे सकते हैं, खुशी से दे पाते हैं। वही अहंकार बंधन है। अहंकार लेने में खुशी महसूस करता है, देने में नहीं है।

धीरे–धीरे वह लड़का बड़ा होने लगा। समयानुसार बड़ा होता चला गया। सम्भव है प्रेम मेल–मिलाप बढ़ाता है और गहरा करता है। पेड़ के पास आता सदा आनन्द में रहता। समय कैसे बीत गया, पता ही नहीं चला कहाँ उड़ गया। मौसम बदलते गये। वृक्ष को समय का क्या पता? मनुष्य जब आनन्दित होता है, समय का पता नहीं चलता। दुःख का समय ही भारी लगता है। समय की गति बड़ी तेज है। चुपचाप निकल जाता है। वृक्ष वहीं शाखाएँ झुकाए प्रेम से भरा खड़ा रहा। लड़का तो बड़ा होने लगा, स्कूल जाने लगा, फिर बड़ी परीक्षाएँ पास करनी थी। धीरे–धीरे उसका आना कम होता गया। वृक्ष उसी तरह उसकी राह तकता रहता। वह सोचता कब आये, उसके पास बैठ कर शरारते करे, उसके ऊपर चढ़े, उसको हिलाए, तंग करे। पेड़ भी उसकी शरारतों का आदि हो गया। लेकिन वह वृक्ष था। अपने अंतरमन की पीड़ा कैसे व्यक्त करता। ह्रदय में विरह की अग्नि धधक रही थी। वायु, अग्नि को भड़काने का कार्य करती है। जैसे–जैसे बच्चे की याद आती, उसकी आहें बढ़ती जाती।

परन्तु इस समय लड़के का अपना भविष्य था। वह सबको पछाड़ कर आगे बढ़ना चाहता है। उसका ध्यान वृक्ष से हटता चला गया। अब कभी–कभार जाता। दूर से आते हुए भी उसकी साँसों की आने–जाने की गति वृक्ष को प्रभावित करती। वृक्ष का मन खिल उठता।

वृक्ष की प्रतीक्षा बढ़ती गई। ऐसे लगता जैसे वृक्ष उसे पुकार रहा हो। यादों के कारण विरहजन्य वेदनाएँ एकत्रित होकर सघन बन गई। वृक्ष को निरन्तर कष्ट प्रदान करती रही। मन की वेदनाओं के कारण कभी–कभी उदास दिखाई देता। उस वृक्ष से कुछ अनजानी–सी आवाजें आने लगी। उसके प्राण पुकारते, आओ–आओ, कहाँ गये, चले आओ एक बार। लेकिन लड़का कभी–कभी आता। वृक्ष उदास रहने लगा, पत्ते मुरझाये से दिखाई पड़ते। वृक्ष की खूबसूरती विदा होने लगी थी। प्रेम में

वृक्ष मस्तक झुकाए–सा दिखता। बड़ी करूणापूर्ण दृश्य लगता। प्रेम एक परीक्षा ही तो है, प्रेम में निरन्तर परीक्षा होती है। प्रेम तो लुटाना चाहता है।

एक दिन लड़का घूमता हुआ–सा आ निकला। वह लड़का उदास था। वह वृक्ष के नीचे चुपचाप खड़ा हो गया। वृक्ष उसे देखकर चौंक गया और बोला – 'क्या बात है, तुम इतने दिन बाद आये हो? मैं तुम्हें देखने को तड़प गया। तुम मेरे तने के साथ खेलो। तुम उदास क्यों हो? मैं तुम्हें कुछ दे सकता हूँ तो बोलो। मेरे पास पैसे नहीं है। यह रोग व्यक्तियों का है। मनुष्यों ने ये रोग पाल रखे हैं।'

देखो, हम कितने आनन्दित हैं। पूरा जंगल कैसे नाच रहा है। कितना खुश है। जैसे कोई उत्सव मना रहा हो। विशाल लहराते तने, इनकी छाया। खिले हुए फूल की सुन्दरता, पक्षियों का कलरव, उनका घोंसले बनाना। पक्षियों का आपस में लड़ना, एक ड़ाल से दूसरी ड़ाल पर बैठना। देखो, कितने सुखी दिखते हैं।'

वह लड़का उदास तो था ही, गुस्से में बोला तो क्यों आऊँ क्या हैं तुम्हारे पास? मुझे तो रूपये की जरूरत है। मुझे तो वहीं जाना है, जहाँ रूपये मिलते हैं। इस समय मेरी जरूरत रूपया है। पैसा हमारी जरूरत है। तुम कभी नहीं समझोगे। तुम्हें क्या चाहिए? पानी तुम्हें कुदरती मिल जाता है। मुफ्त की मिट्टी मिल गई, जिस पर तुम सीना तान के खड़े हो। वायु, धूप से ताकत मिल जाती है और तुम्हें क्या चाहिए? हमारा जीवन तो पैसों से चलता है। यह तुम्हें कैसे समझाऊँ? तुम मेरी मजबूरी कभी नहीं समझ सकते। रूपया मनुष्य की जरूरत है, शक्ति है। हर बीमारी में सुरक्षा देता है।

वह वृक्ष चुपचाप लड़के की बात सुनता रहा। कुछ देर मौन रहकर वृक्ष बोला – 'तुम ऐसा करो मेरे सारे फल तोड़ लो और बाजार में जाकर बेच दो। उससे तुम्हें पैसा मिल जायेगा। लड़के को बात जम गई। उसकी आँखों में चमक आ गई। उसे तो इस बात का ख्याल ही नहीं आया। आज उसका पेड़ पर चढ़ना वृक्ष को भारी लगा। आज वह प्रेम से नहीं चढ़ा। आज उसका अपना स्वार्थ था। आज पेड़ को बहुत तकलीफ हुई। उस लड़के ने फलों को इतनी बेदर्दी से तोड़ा। फलों के साथ हजारों पत्ते, टहनियाँ भी तोड़ डाले। वृक्ष को बड़ी पीड़ा हुई, पर वह

कुछ नहीं बोला। प्रेम पीड़ा में भी आनन्दित रहता है। टूटकर भी प्रेम मुस्कुराता रहा। लेकिन वृक्ष खुश था कि इस बहाने उसका संग तो मिला। उस लड़के ने तो धन्यवाद तक नहीं दिया। सारे फल लेकर बाजार की ओर चल दिया। वृक्ष उसे निहारता रहा। जाते हुए देखता रहा। अपने को तृप्त करता रहा, जबकि लड़के ने एक बार भी पीछे मुड़कर नहीं देखा।

पेड़ अपने आप ही सोचता, उसको धन्यवाद मिल गया। पेड़ ने उस लड़के का आना स्वीकार कर लिया। उसका प्रेम स्वीकारा, तभी तो फल तोड़े। अब उसे बेचकर धन मिल जायेगा। यह सब सोचकर ही वह गद्‌गद् हो गया।

उसके बाद फिर से लड़का कई दिनों तक नहीं आया। उसे रूपये मिल गये। उसका काम चलता रहा। वह पैसे से पैसा कमाने की कोशिश करने लगा। पेड़ वाली बात तो भूल गया। बात आई गई हो गई। वृक्ष के प्रेम को भूल सा गया। देखा जाय विरह प्रेम की कसौटी होती है। विरह की आँच में तप कर प्रेम और शुद्ध सोने के जैसा उज्जवल उदार बन जाता है। कहने का भाव ये है वृक्ष अन्दर ही अन्दर घुलने लगा। वह अपनी पीड़ा छिपाकर रखता। कहता भी किसे, वृक्ष तो मौन होते हैं। धीरे–धीरे पेड़ फिर से उदास हो गया। उसके पत्ते भी निकल आये। तेज हवाएँ चलती पर वह खुश नहीं होता। अब हवाओं का मुकाबला करने की ताकत नहीं रही। अब पेड़ में वो खनखनाहट नहीं रही। रूखी खनखनाहट एक मुर्दे के समान दिखाई पड़ती। पेड़ में जीवन संचार दिखाइ पड़ता था। प्राण तो दिखते थे। बेजान–सा दिखता था। ऐसा लगता जैसे कड़ाके की ठंड पड़ रही हो। वृक्ष पर बर्फ जम गई हो।

वह पेड़ फिर से उसे बुलाने लगा। वह तड़प गया। जैसे माँ के स्तनों में दूध भर आये और पिलाने को तड़प जाए। पेड़ की हालत भी कुछ ऐसी हो गई। वह भी चाहता था कि एक बार आ जाये, मैं उसे अपना रस पिला दूँ। किसकी आड़ में छिप गये जो दिखाई नहीं देते। मैं क्या भेंट दूँ समझ नहीं पा रहा जिससे तुम रोज मेरे पास चले आओ। वह आया ही नहीं। रोज इन्तजार करता। वृक्ष प्रेम में उदास रहने लगा। प्रेम में एक खराबी है कि वह उसका प्रेम दूसरे को देना भी चाहे दे नहीं सकता। अपने भीतर के प्रेम को बाँधना चाहता है। प्रेम को बांटा नहीं जा

सकता है। पेड़ ही क्या अगर किसी व्यक्ति को किसी से प्रेम हो जाए, वह भी बाँट नहीं सकता। पेड़ का अखंड प्रेम वह किसी ओर से नहीं कह पाया। इसलिए वह उदास रहने लगा। अपना प्रेम लुटा पाता तो शायद आनन्दित हो पाता। प्रेम में एक ही महानता है। वह मिटना चाहता है, मरना चाहता है।

लड़का बड़ा हो गया था। अब उसके पास समय नहीं रहा के वो पेड़ के पास आये। वैसे भी संसार में देखा होगा जो आदमी जितना बड़ा होता चला जाता है। उसके पास समय की कमी हो जाती है। महत्वकांक्षा के जगत में, प्रेम के निकट आने की सुविधा कम होती चली जाती है। उस लड़के की महत्वकांक्षा बढ़ती चली जा रही थी। अब कहाँ वृक्ष के पास जाना।

एक दिन अचानक उस ओर से वह लड़का निकला। वृक्ष ने देखा, पुकारने लगा। हवाओं के पत्तों में गुन्जायन तड़प उठी। वृक्ष उसे देख जोर–जोर से लहराने लगा। सारी डालियाँ खुशी से झूम उठी। बोल उठी। मिलने पर प्रसन्नता हुई। फिर वृक्ष बोला क्या बात है? तुम आते नहीं। मैं तुम्हारी रोज राह तकता हूँ। मैं प्रतीक्षा करता हूँ। रोज सोचता हूँ, तुम आओगे, यहाँ से निकलोगे। अब इधर बिल्कुल नहीं आते। तुम इधर क्यों नहीं आते।

उस लड़के ने एक बार उस पेड़ को घूर कर देखा। उस वृक्ष से बोला, अब क्या है तुम्हारे पास, जो मैं आऊँ? जैसे–जैसे बड़ा हुआ उसकी इच्छाएँ भी बढ़ गई। मैं क्यों आऊँ, मुझे तो रूपये चाहिए। क्या तुम दे सकते हो? यह अहंकार का प्रयोजन है। एक प्रयोजन पूरा होने के बाद क्यों आऊँ? कोई प्रयोजन पूरा न हो तो आने की जरूरत ही क्या है? प्रेम सदैव निषप्रयोजन होता है। सच में प्रेम का कोई प्रयोजन नहीं। प्रेम स्वयं ही प्रयोजन है। बिल्कुल शुद्ध प्रेम में कोई माँग नहीं। मिलने की प्रसन्नता को छोड़ वह उस लड़के से पूछने लगा कि तुम्हारी चिंता क्या है?

वृक्ष तो उसकी बात सुनकर चौंक गया। उसने कहा तुम तभी आओगे। जब मैं तुम्हें कुछ दूँ। प्रेम तो देना चाहता है, प्रेम सब कुछ दे सकता है, वह कुछ भी रोकना नहीं चाहता। प्रेम का भाव बड़ा निर्मल और कोमल होता है। प्रेम बिना शर्त के देता है। वृक्ष बोला – मेरे पास पैसे तो नहीं है। प्रेम तो टूटकर भी आनन्दित होता है। उस वृक्ष ने कहा आओ

मेरी डालियों से खेलो, चढ़ो। मेरे ऊपर कूदो, छेड़ो मुझे, तंग करो, पकड़ो मुझे।

लड़का बोला – छोड़ो सब फिजूल की बातें हैं। क्या रखा है इन सब बातों में? अपना समय बर्बाद करना है। मुझे एक मकान बनाना है। क्या तुम मुझे मकान दे सकते हो? भोला वृक्ष बोलता है, यह मकान क्या होता है। हमारा तो कोई मकान नहीं।

लड़का बोला – तुम क्यों मकान बनाओगे, वह क्या काम आयेगा। कितने पक्षी घोंसला बनाते हैं। बाकी चीटियाँ कीड़े–मकोड़े तो घर नहीं बनाते। वो तो दुखी नहीं होते। तुम मकान बनाने के लिये इतने उदास क्यों हो गये? मुझे बताओ, मैं क्या सहायता कर सकता हूँ? मेरे लायक कोई सेवा हो तो कहो। वह लड़का कुछ देर तो चुप रहा। मन की बात जुबान पर आते–आते रूक गई। फिर साहस जुटाया और कहने लगा। तुम अपनी शाखाएँ मुझे दे दो तो मैं अपना मकान बना सकू। मेरे मकान की छत बन जायेगी। इतना सुनते ही वृक्ष मुस्कुराया और बोला – इसमें सोचने की क्या बात है। तुम मेरी शाखाएँ ले सकते हो। मैं तुम्हारे कुछ काम आ सकूँ। अपने को धन्य मानूँगा। अब तो वह बड़ा व्यक्ति बन गया था। वह व्यक्ति घर गया और एक कुल्हाड़ी लेकर आ गया। उसने उस वृक्ष की शाखाएँ काट डाली। अब वृक्ष ठूँठ रह गया। एकदम मृत जैसा नग्न फिर भी बहुत आनन्दित था क्योंकि प्रेम हर हाल में आनन्दित रहता है। चाहे उसके अंग कट जाए। वृक्ष की सारी शाखायें कट गई। अब हवा को भी महसूस नहीं कर सकता था। ठूँठ वृक्ष बोल भी नहीं सकता था। नाच नहीं सकता था। हवाओं में खेलना, लहराना बन्द हो गया। उसके पत्तो की घनघनाहट बंद हो गई। लेकिन वृक्ष की आत्मा में विरह की वेदना तब भी रही। वृक्ष अपने विरह के दुःख व वेदना के अतिरेक को स्वयं से बाँध भी नहीं सकता था। अब शाखाएँ भी नहीं रही। फिर भी अपनी पीड़ा पर किसी प्रकार का खेद नहीं हुआ।

वह आदमी तो सारी लकड़ियाँ लेकर चला गया। उसने पीछे मुड़कर भी नहीं देखा। इस बार भी लकड़ियाँ ली और चल दिया। वक्त उसी तरह गुजरता रहा। वृक्ष ठूँठ हो गया, वह फिर भी उसकी राह देखता रहा। अब वह चिल्लाना चाहता था। कुछ कहना चाहता था। अब उसके पास कुछ बचा ही नहीं था। उसकी सारी शाखाएँ कट गई। वह हवाओं

को महसूस भी नहीं कर पाता जो साथ से होकर गुजर जाती। वृक्ष देखने में दुखी और दरिद्र जैसा हो गया। हवा, आँधी चलती उस पर कोई असर नहीं रहा। अब वह बुलाये भी तो कैसे, बुला भी नहीं सकता था।

इसी तरह लड़का तो काम में व्यस्त हो गया। बहुत दिन हो गये। ठूँठ फिर भी उसकी राह देखता रहा। वृक्ष तो उसके प्रेम में और पकता जा रहा था। उधर उस व्यक्ति की उम्र भी बढ़ती गई। अब आँखे कमजोर हो गई थी। आँखों पर चश्मा चढ़ गया था। बाल पक गये थे। एक दिन फिर से उधर से निकलना हुआ। उसी वृक्ष के पास आकर खड़ा हो गया। वृक्ष ने उसी तरह पूछा – बहुत दिन बाद आये हो। मेरी याद नहीं आई? बहुत उदास दिखते हो। कितना बदल गये हो। कमर झुक गई, बाल सफेद हो गये, आँखों पर चश्मा आ गया। क्या चिंता है? अब क्यों उदास हो। उस व्यक्ति ने कहा – मैं विदेश जाना चाहता हूँ। मुझे यहाँ मेहनत के बाद भी कुछ नहीं मिला। वहाँ जाकर खूब धन कमाऊँगा। मुझे नदी पार करनी है। उसके लिए नाव चाहिए। एक बात हो सकती है, तुम अपना तना मुझे दे दो तो बात बन जायेगी। मैं नाव तैयार कर लूँगा। तुम्हारे तने से नाव तैयार हो सकती है। मैं नाव बना सकता हूँ।

वृक्ष कहता है – 'नाव तो तुम मेरी बना लो। लेकिन वहाँ जाकर तुम मुझे भूल मत जाना। मुझे तुम्हारी बहुत याद आती है। क्योंकि अगर कोई सच्चा प्रेम करता है, वह मिलने को तड़पता है। तुम लौटकर आना जरूर। मैं तुम्हारी प्रतीक्षा करूँगा। फिर क्या था, उस व्यक्ति ने वृक्ष के तने को भी काट लिया। उसकी नाव बना डाली। वृक्ष देखता रहा। उसके सामने ही हथोड़े मार मार कर नाव में किले ठोकता रहा। वह व्यक्ति तो नाव बना अपनी यात्रा पर निकल गया, ठूँठ उसकी प्रतीक्षा करता रहा, अब आयेगा, अब आयेगा। अब उसके पास कुछ बचा ही नहीं, इधर क्यों आयेगा। पहले तो कुछ था, देने को।'

फिर लिखा गया – मैं उस ठूँठ के पास एक रात का मेहमान हुआ। ठूँठ मुझसे बोला, मेरा मित्र विदेश गया है, आज तक नहीं आया। मुझे बड़ी पीड़ा होती है, प्रेम में पीड़ा होती है। वह किसी से कह तो नहीं सकता। कहीं मेरे तने में कोई छेद तो नहीं था। वह ठीकठाक तो पहुँच गया। मुझे दिन–रात यही चिंता सताती है। बस एक बार यह पता चल जाए, वह ठीक है, खुश है। मेरी तृप्ति इसी में है। मैं मरने वाला हूँ, मुझे उसकी कोई

खबर भर ला दे। अब मेरी जड़ें भी सूखनी शुरू हो गई हैं। इतना पता चल जाए कि कुशल–मंगल से है। अब क्यों आएगा, मेरे पास देने को भी कुछ नहीं बचा। वृक्ष का हार्दिक प्रेम देखकर मेरा मन भी भर आया। उसके रोम–रोम में मित्र का प्रेम बसा हुआ था। जैसे दीपक बुझने से पहले भभक उठता है, यह उसका अन्तिम समय होता है। उस वृक्ष की तड़प बहुत थी। जैसे प्यासे को थोड़ा–सा पानी मिल जाए।'

लेखक कहता है कि मैं उसे तकता रहा। उसके मरते समय हृदय में मित्र के सिवा कुछ नहीं था। अब उसके जीने की कोई सम्भावना नहीं रही। मैं उस ठूँठ पर हाथ रख सांत्वना देता रहा। उस व्यक्ति ने उसकी सुध नहीं ली।

आगे ईश्वर ही जानता है के क्या हुआ। वृक्ष की छाती के फल तोड़कर उसकी देह काटकर भी उस व्यक्ति को उससे प्रेम नहीं हुआ। वृक्ष के प्रेम को शब्दों में ब्यान करना मुश्किल है।

उस वृक्ष की तरह प्रभु है। व्यक्ति सागर का अंश है। व्यक्ति एक बूंद है, एक बार ध्यान सिद्ध हो गया तो समझो ध्यान संग आकाश की सैर। आप सभी से पूछती हूँ क्या आकाश की सैर नहीं करना चाहोगे।

सभी को मेरी बात थोड़ी अटपटी जरूर लगेगी। अपने अनुभव से लिख रही हूँ। व्यक्ति की कुण्डलिनी शक्ति का द्वार जननेंद्रिय से होकर गुजरता है। शक्ति को जागृत नहीं किया जाये तो प्रत्येक व्यक्ति की ऊर्जा वहीं एकत्र होकर रह जाती है। उम्र भर जननेंद्रिय पर जोर मारती रहती है। उन इन्द्रियों पर जीवन पर जीवन व्यतीत होता है। उसी पर उसकी मौत होती है। व्यक्ति के दीवानापन में जननेंद्रिय ऊर्जा आँखों में ले जाता है। जननेंद्रिय का द्वार सबसे नीचे का द्वार है। इस नाली को बन्द लगाना आना चाहिए या इसे मोड़ देकर अन्य चक्रों को जागृत किया जाये। प्रक्रिया का ज्ञान होना चाहिए जो समाधि तक ले जाये। देखा जाये जननेंद्रिय का स्थान सबसे नीचे जमीन का स्थान है। यहीं से ऊर्जा उपर उठती हुई चक्र जागृत कर सहस्त्रार मस्तिष्क तक पहुँचती है। यह सबसे उत्तम और श्रेष्ठतम द्वारा है जो ऊर्जा को आकाश से जोड़ता है। ध्यान तो स्वयं का अनुभव है। स्वयं के अनुभव से जाना जा सकता है। जो समाधि को उपलब्ध हुआ, इसका स्वाद वही जान सकता है, कह सकता

है, लिख सकता है। समाधि में व्यक्ति के प्राण सहस्त्रार मस्तिष्क से निकलते हैं।

अपने जीवन के बारे में सोचो। मानव जीवन एक प्रसाद है। प्रभु का प्रसाद मान कर जीवन में एक साक्षात्कार अवश्य करे। वरना प्रभु की दी हुई यह अमूल्य भेंट मानव देह व्यर्थ हो जाएगी। यह प्रभु की ओर से सबसे बड़ी सौगात है।

अपने भीतर से सारा मलवा बाहर निकाल ध्यान का पक्षी बैठाओ। जिस द्वार से ध्यान को लाओगे उसी द्वार से प्रभु की कृपा हुई तो प्रभु भी फड़फड़ता हुआ भीतर प्रवेश कर जाएगा। भीतर एक बार ध्यान का पक्षी प्रवेश कर गया। फिर वह बन्द चक्रों को खोल देगा। आपके अपने अनुभव को कोई रोक नहीं पायेगा।

एकाग्रता की कुंजी ध्यान है सभी का ध्यान मूल केंद्र नाभि से होकर निकलता है। सभी के भीतर सिद्ध ध्यान प्रक्रिया केंद्र में गुरूत्वाकर्षण का काम करती है। यह गुरूत्वाकर्षण ऊर्जा का स्त्रोत जननेंद्रिय से होकर ऊपर सहस्त्रार तक पहुँचती है?ध्यान के द्वारा आध्यात्मिकता की सीढ़ी आसानी से चढ़ा जा सकता है। आप अपने आपसे मिल सकते हैं, आत्मा की जड़ों में ध्यान का पानी ड़ालना होगा। तभी मूल तक पहुँचा जा सकता है। तन के भीतर मुड़ना आत्मा की जड़ से जुड़ना आत्मनिरीक्षण करना है। शरीर की खोल में आत्मा को तराशना होगा। आत्मा के तल पर जमा खरड़ रगड़ना होगा। घटना घट जाए। प्रभु का असली स्वरूप दिखाइ़ दे जाय। जन्मों की कालिख धूल जाय। मानव देह सफल हो जाय। काँटों की झाड़ियाँ झाड़ को पार कर गुलाब खिलता है।

ध्यान से मन निर्मल और पवित्र करिए। धीरे–धीरे अज्ञान के बादल हट जायेंगे। प्रकाश से भर जायेंगे। प्रेम, विश्वास और गुरु समर्पण के साथ ही अन्तस् के किवाड़ खुलते हैं, पर्दे हटते हैं, दृश्य दिखाई देते हैं।

प्रभु ज्ञान

प्रभु तो देने को तैयार हैं।
प्रेम का मार्ग बहुत सरल है।
ब्रह्माण्ड में कदम थिरक उठे मेरे

अस्तित्व के साथ नाचूंगी और नचाऊँगी।
हृदय से गीत पीया संग गाऊँगी
ज्ञान का संदेश सबको सुनाऊँगी।
घुंघट उठाया पिया ने मेरा
सच्चिदानन्द को पाय चली
प्रकट हुआ जलवा तारनहार का

मतवाली

हे प्रभु दिव्य ज्ञान को जानकर एक जोगन मतवाली हुई। मुरझाई थी। दुनियाँ के भीड़ में प्रभु तुम्हें जानकर तन की कली सी खिल गई। वस्त्र पहन गेरुवा जोगन ने ले लिया सन्यास। मन में ना कोई अभिलाषा संसारिक बन्धनों से मुक्त हो गई। मैं मतवाली जोगन मुझे मात्र कृष्ण से प्रेम था। आज मन में किसी बात का कोई मलाल न था। ना हर्ष है और ना विषाद है, जब कामनायें ही त्याग दी क्या हँसना और क्या रोना। मुख मंडल पर आनन्द छा गया। अन्तरमुखी होते ही नेत्र आनन्द से परिपूर्ण हो गये। कैसे समझाऊँ मैं सभी को प्रभु का संदेश की मन में अभिलाषाओं और कामनाओं का आवास स्थान मत बनाओ। हृदय तो क्रीडा–स्थल है। मन विचारों को ले उसमें क्रीडा करता है। देखना ही है तो ब्रह्माण्ड के कण–कण की क्रीडा देखो।

तन भीतर

तपी हूँ, जली हूँ, दिन–रात माटी के तन में,
कई मॉस रूलाया, भाग्य ने हाड–मांस भीतर
मैं माटी की गुडिया अब कुंवारी न रही तन भीतर
तकदीर लिखने वाले की कलम चलती रही
प्रभु वाटिका में मुरझाई कली खिलती रही
हुई कृपा कृपानिधान की तन भीतर घिर आये मेघ
बरसा मुसलाधार बिन बरसात आधी रात तन भीतर
फूल चारों ओर घूमते हुए दिखाई दिये स्वर्ण रत्न बरसे
पुष्पों के समुन्द्र में प्रभावशाली दृश्य देखे नैनों ने
सजल नेत्रों देख अस्तित्व को किया शत–शत प्रणाम।

एक शब्द मुख से न निकला सुलगती रही संग अपने
ये हार्दिक प्रेम के साथ संदेश प्रभु को दे जाऊँगी
क्यों रे? भक्तों कहाँ बैठे हो?
पगड़ी बाँधे कोट पहने संदेश मेरा तत्व–ज्ञान का ले लो
प्रभु का मीठा–मीठा रस तनिक–सा जान लो अपने भीतर
शब्द नाँद से सुन लो भाई धुनों की लपटें आ रही ब्रह्माण्ड
महाशय समीप ही है बेसुध होके सुन लो खोज लो स्वयं की
अभिनव मंगल गाते हैं गीत, मधुर मिलन गगन मंडल के बादल
सम्पूर्ण सृजन प्राकृतिक सौंदर्य का वर्णन छिपी है शक्ति ब्रह्माण्ड में

इसलिए काल का चक्र को जान लो मेरे भाई–बहन। यौवन का समय भी बीत जाएगा। ध्यान के द्वारा चित्त का चित्र खींचना शुरू करे। व्यर्थ चर्चा संशय में समय व्यतीत कदापि न करना। चित्त के भेद नेत्रों से खोल लो। प्रभु प्रेम भरा रस खोल लो। हमें तो ज्ञान की चर्चा बगैर कोई चर्चा नहीं भाती। मस्तिष्क से विचारों का भरा उन्माद भगाओ। निदान ह्रदय की चेरी मन को न बनाये। मन को प्रभु प्रेम से भर लो। सूर्य से सीख लो, वह भी दिन–भर थक कर तारों की छाँव में छिप जाता है। आत्मिक आनन्द की ज्योति दिव्य मुखमंडल में प्रकाशित करना ही विशाल उत्सव में शामिल होना है।

अन्यथा जिन्दगी की कड़वाहट से भीतर होगा विस्फोट। यह आस्था का संकेत शान्ति की राह सोते को जगाना है। जिन्दगी में यथार्थ को पाना है।

ध्यान लगा लो भक्तो,
ज्ञान मिले, पहचान मिले,
अपने भीतर छिपा भगवान मिले।
विष भीतर का बाहर निकले,
अमृत का पान मिले इन्सान बने।
सच्चा गुरु मिले अगर, है ज्ञान का भण्डार,
अन्धकार मिटा दे, ज्ञान से परिचय करा दे।
दीपक तो अपने आप कुछ न बोले,
उजाला आप ही आप में बोले।

हम कौन हैं? इसका उत्तर खोज लो। मैंने अपना रास्ता खोज लिया। ब्रह्माण्ड सागर के भीतर मूल में निवास शक्तियों का भण्डार खोज लिया है। भीतर की खोज से पहले तत्त्व ज्ञानी गुरु की खोज करे। स्वयं के भीतर समूह में शक्तियाँ दिखाई तो पड़ती है लेकिन देख कोई नहीं पाता। पहले पहल भले तेजी से भीतर न जाएँ, सही युक्ति और अभ्यास के बाद यात्रा तेजी से दिन पर दिन बढ़ती है। अपने भीतर प्रक्रिया में सिमट कर बैठ जाना एक तत्त्व ज्ञानी गुरु ही बताता है। गुरु की बताई तरकीब फलती है, फिर बढ़ने से कोई रोक नहीं पायेगा।

बैठ तन की कुटिया में, ले गुरु की प्रक्रिया,
पुकारा तारनहारा को तन भीतर पाया हरी का निवास,
निर्गुण ब्रह्म की बन गई दासी मग्न हो नाच उठी,
बैठी देखूँ नैना चढ़े आकाश, ये कौन हृदय उभर आया।
महकती रहती हूँ दिन रात, नेत्रों से किरणें निकली,
गोविन्द, मधुर मिलन की खुशबु अन्तस् मची खलबली।
बिखरी सुगन्ध ब्रह्माण्ड हृदय उठी कसक देख नृत्य नित नया,
धीमी–धीमी खुशबू, मद्धम–मद्धम सा संगीत, ज्योतिर्मय हुई काया।
रंग गोविन्द का काया पर चढ़ आया,अब क्या हिना रचाना,
सर्वत्र विराट चेतन शक्ति घनघोर घनेरी काली रात,
मेरी और प्रभु के बीच हो गई मुलाकात।
कैसे कहूँ, शब्दों का सहारा है मेरे पास,
किस इशारे से समझाऊँ, पता खुदा है मेरे पास,
मृत्यु भय दूर भगाओ, जीवन का आनन्द जगाओ।

मेरे प्रिय आत्मन जन्मों–जन्मों की बंद पड़ी हृदय की गाँठ खोल लो। इस शरीर की नाव बना अमृत कुंड में तैरो। सबकी नौकायें स्यात काले जंजाल भंवर में फँस कर डूब रही। सकल ब्रह्माण्ड में प्रभु विद्यमान। जान लो अपनी जर्जरित अस्थियों में प्राण फूंक लो। ब्रह्माण्ड के अस्तित्व कुंड में डाल कर थपथपाहट की ध्वनि सुनो। प्रभु प्रेमा नल से मौत को जीत मोक्ष को पाना है।

अंधेरा दूर कर उजाले से भरना है।

दिन व्यतीत होते रहे, मैं बैरागन मस्ती में जाने किधर डोलती रही,
फिर एक बस्ती में पहुँची, मन की चिंता और गर्मी से दूर हो ली।
धूना रमाया शहर भीतर, विचारों की फसल लहराई, हृदय कचोटा,
जिन्दगी की अल्हड़ कहानी याद आई, विश्वास का दर्पण साफ किया।
हवाएँ भी खेलती हस्ती नजर आई, मैं जमाने को जीत आगे बढ़ गई,
तन की सारी वेदनायें और बेचैनी शांत हो तल के मूलभूत में जा समाई।
सारे साथी पीछे छुटे, जीवन का साज टूटने से पहले मौत की आहट सुनी –
–साँसों की सरगम में बिखरे मन को जोड़, मौत को पहचान जीवन जान गई
–अन्धकार फाड़ ज्योति अवतरित हुई तन की झाड़–झंझाड़ बाधाओं से पार हुई
मन के भाव ले न मरूँगी, तन की खोज पूरी हुई,
मेरे सारे शब्द, भावनायें, खामोश हृदय की सरगम बनी,
अब सत्य को कैसे लिखूँ, बड़ा खूबसुरत निराला निकला।
हीरा हाथ में आया ये खास हीरा अपने अन्तस निकला
मेरे प्रभु ने सत्य कोयकीन में बदल दिया बड़ा खूबसुरत है,
फड़फड़ाने वाले अक्सर जमीन पर गिरा करते हैं।
यहाँ हौंसले उड़ान भरते हैं फिर मंजिले दूर नहीं हैं,
परिश्रम से अंकुरित तत्त्व बीज फिर साँझ से भोर होती है।
प्रेम मधु से क्षीर सागर सींचो यथार्थ को जानने का साहस
रोम–रोम प्रेम में पकाओ तन में बल पड़ जाए,
सत्य को तलाश करोगे समुन्द्र भी मिल जाएगा।
सत्य सार्वजनिक नहीं, यह बात साफ कर दूँ
बिजली सी दहकती है दिल में जब सत्य खुलता है
खामोश बैठ जा यूँही नजर ठहर कर खुल जाएगी,
कायनात के जलवे बेपनाह खुलते देख
सत्य की कश्ती समुन्द्र पार करा जायेगी।
सत्य धरा ताक, खोल पिटार, सब तन बूंद समाय,
ब्रह्म खोज से पूर्ण की प्राप्ति, परमात्मा की खोज कैसे?

परमात्मा की प्राप्ति कैसे की जाये? ब्रह्म में समाया सम्पूर्ण अखंडता की ओर कैसे। भीतरी नाद कैसे सुना जाए; जिसकी गूंज बाहर–भीतर ओंकार में गूंज रही हो। फिर समाधि का सतसंग कैसे सुने : पूर्ण ब्रह्म नाद ही अहम ब्रह्मास्मि।

प्रभु के साथ सर्वश्रेष्ठ रिश्ता

देह बीच घनघोर अन्धेरा, श्वास आय–जाय भर जाये उजाला,
देह अंधेरों की खान सत्ता, न कोई अपनी, किरदार है अँधेरा।
अँधेरा ही अँधेरा, बदलियाँ अँधेरे में अंकुरित उजाला होगा,
कहानी अँधेरे की डर, भय, भूत, मौत का सामान कैसे समझाऊँ।
गठर अँधेरे का दर्द से भरकर, सबने उठाया योनि आवागमन में फिरा,
सारा खेल एक श्वास की चिंगारी का, देह में उजाला भर जाता है,
बिन श्वासों के व्याकुल मन उड़ जाए, तन माटी हो जाएगा, देखता रह जाएगा।
जिस तन भीतर श्वास है, उसे डुबने का डर नहीं, तन श्वासों में तैर रहा है,
अपरम्पार है शक्ति श्वास की, यह तन रीझे ध्याओ श्वास को।
सुकून आ जायेगा सरेराह जिन्दगी का सफर महक जायेगा,
श्वासों को जो रिझायेगा, रोशनी की पहचान कर मूल को जान पायेगा।

अपनी बिगाड़ी तकदीर, प्रभु को मत दोष देना,
शिकार हुआ अपने पाप कर्मों का, बच नहीं सकता।
अपने स्वार्थ खातिर दूसरों को ओछा दिखाता है,
यह सोच इन्सान की नहीं, शैतान की दिखती है।
सौ गज हवेली खातिर खुद घोटाले करता है,
फिर सारा दोष प्रभु पर मढ़ता है,
मंच पर खड़े होकर अपने को सत्य साबित करता है।
अफसोस अभी बिगड़ने का वक्त नहीं आया,
सामने बैठा मालिक है, हिसाब का वक्त नहीं आया।
खुदा का पहरा चौबीस घंटे खामोश बोलता नहीं है,

एक–एक लम्हा खुद सार्थक कर धर्म निभाना होता है।
जिन्दगी दी जिसने चन्द लम्हे सत्य को कमाना होता है।

गुरु का अर्थ

केवल इतना नहीं कि जिन्दगी में दुःख–सुख की क्षणिकाएँ नहीं घटे, आहट न दे। हाँ, दुःख आये, दुःख न रहेगा। सुख आये, सुख न रहेगा। प्रभु की प्रार्थना अरदास में कब समय निकल जाए पता भी न चलेगा। गुरु जीवन में हस्ताक्षर भाँति हो जाता है। पाँच तत्व से बनी मूर्ति का स्वरूप बदल देता है। गुरु भीतर में प्रचंड विचारों का घूमता हुआ वेग एक केन्द्र पर रोक विचार को ऊर्जा शक्ति में प्रवर्तित करता है। मन की चंचलता में स्थिरता आती है। विभिन्न प्रकार की संकल्प और विकल्प की उठती तरंगे चित्त की शान्त होती है। एक प्रक्रिया फलती है, मन की खलबली शान्त हो जाती है। एक पूरा व्यक्ति बन जाता है। व्यक्ति अंतर्मुख हो विचारों की एकाग्रता में समा जाता है। व्यक्ति की शक्तियाँ जागृत होने लगती है और वह ईश्वर का केन्द्र बिन्दु पकड़ने लगता है। शक्ति का तेजोवलय घेरा मुखमंडल पर दिखाई पड़ने लगता है। सबके अन्तःकरण में विराजमान चेतन तत्त्व है। जागृत हो बल बढ़ने लगता है। जगत में रह विनाश के मार्ग से हट कर भीतर दैवीय गुणों की बढ़ोतरी होती है।

जीवन की असलियत से पहचान हो जाती है,
हम फकीर से अमीर हो जाते हैं।
गुरु एकाग्र होने का कीमती गुर बताता है,
बाहर की सारी भटकन समाप्त हो जाती है।
गुरु की पहचान सबसे कीमती और अनमोल है,
जो परमपिता परमात्मा के दर का दरवाजा खोल दे।
अपार और असीम जिन्दगी में छलकता हुआ उतर जाये,
गुरु कृपा बरस जाए, हवा भी बदली–बदली बूँदे बादल में नजर आये।
सूरत पी की पाइया जा संसार में अलख जगाइया।

समर्पण

अपने जीवन की ओषधि का मूलमंत्र जानने वाला हजारों लाखों में कोई एक ही होता है। वह अपना सम्बन्ध तो परमात्मा से सीधा जोड़ लेता है और अन्य व्यक्तियों को भी प्रेरित करता है। सिद्ध गुरु द्वारा दिया मन्त्र और ध्यान प्रक्रिया द्वारा ही परिवर्तन देखा जा सकता है। प्रक्रिया को सिद्ध करने के लिए यत्न अति आवश्यक है। अपने गुरु की ध्यान युक्ति पर पूर्ण समर्पण के साथ स्थिर और दृढ़ रहना होगा। ध्यान तभी फलीभूत होगा। फिर खास तौर वातावरण का ध्यान रखना आवश्यक है। क्लेशकारी वातावरण में कोई युक्ति नहीं फल सकती। सबसे पहले वातावरण आनन्ददायी बनाये। तभी कोई युक्ति काम कर सकती है। वातावरण बाहर व अपने भीतर दोनों का ख्याल रखना आवश्यक है। किसी भी साधना के करने के पहले विश्वास श्रद्धा का होना आवश्यक है। दृढ़ विश्वास तेजी से शक्ति की ओर ले जाता है। ज्यादातर लोगों में विश्वास की कमी होती है। दृढ़ विश्वास ही तेजी से शक्ति की ओर बढ़ता है। यदि सच्चे मन से ध्यान को अन्तःकरण में उतारा जाए। मुखमंडल के सामने व भीतर शक्ति का झरना प्रवाहित अवश्य होगा। यह अपनी क्षमता अनुसार झरना शुरू होता है।

आज का व्यक्ति संसार की इच्छाओं में पड़ कर अपना दिव्य विकास स्वयं बन्द कर लिया है। यही कारण भी है व्यक्ति भयंकर महारोगों से पीड़ित भी है क्योंकि अपने तन में मन की गाँठें तो खोली नहीं। बल्कि विकास रोकने और गाँठे मजबूत कर ली। अब भीतर की गाँठों ने दुर्गुणों का रूप ले असली प्रतिभा को समाप्त कर लिया। स्वयं के भीतर अपराधी वृत्तियाँ पैदा हो जाती है, वही रोगों का भयंकर रूप धारण करती है।

प्राचीनकाल की बात है। एक समय राजा अकबर बहुत बीमार हो गये। राजा की अवस्था बीमारी में सुधरने की बजाय बिगड़ती चली गई। वे मूर्छा अवस्था में आ गये। जब वैद्य–हकीम से बाहर की बात हो गई। उसी समय एक बड़े डॉक्टर को बुलाया गया। जब डॉक्टर महल में आया। महल में बहुत शांत माहोल था। एकदम शान्ति छाई थी। उस शान्ति को देखकर डॉक्टर भी घबराया।

डॉक्टर राजा के पास जल्दी से आया और राजा अकबर का हाथ पकड़ कर चेक किया। शरीर ठंडा था। डॉक्टर ने थोड़ा सा राजा का

खून निकाला। खून निकालते ही राजा को होश आ गया। राजा ने डॉक्टर के हाथ में खून देखा तो गुस्से से भर उठे। गुस्से में डॉक्टर पर जोर से चिल्लाने लगे। अब डॉक्टर ने बहुत चतुराई से बात को सम्भाला। राजा को हँसाना शुरू कर दिया। देखते–देखते थोड़ी देर मे राजा का ध्यान बट गया। क्रोध स्वयं ही शांत हो गया। इस पर राजा और सभी बैठे लोग बहुत खुश हुए। बीरबल के कहने पर डॉक्टर को पुरस्कार भी दिया गया। साथ ही शाही डॉक्टर घोषित किया गया।

अब क्या था? डॉक्टर की तो किस्मत चमक गई। भाग्य की लाटरी–सी खुल गई। संसार में डॉक्टर तो बहुत हैं। ऐसे अवसर भी आये होंगे लेकिन अवसर का लाभ उठाना कोई–कोई जानता है। दूसरे डॉक्टर के साथ अन्तर सभी को साफ–साफ नजर आने लगा। डॉक्टर ने अपनी योग्यता का प्रमाण सही समय पर दिया। उसकी शिक्षा ईमानदारी वक्त पर काम आ गई। अगर वह डॉक्टर अपने काम में पारंगत न होता तो राजमहल से धक्के मार–मार कर बाहर निकाल दिया जाता। यह अवसर बेकार चला जाता। उसी तरह यह मानव जीवन मिला है। आप सभी चूक गये तो फिर हाथ कुछ नहीं आयेगा। मेरा सभी के लिए यह संदेश है।

मौका यानि अवसर, यह सुन्दर शरीर का यौवन सभी कुछ ही समय में बहा कर ले जाता है। हाथ से छूटता चला जाता है। इस शरीर का यौवन बसंत के समान है। शरीर का बसंत एक बार आता है, बार–बार नहीं आता। जब एक बार जाता है तब समय ओर यौवन पकड़ पाना असम्भव है। बसंत फिर भी बार–बार आते हैं। आज व्यक्ति सब कुछ अपने बस में करना चाहता है जबकि स्वयं आप अपने बस में नहीं है। सभी कुछ समय के बस में है जो सर्वदा गतिमान है। किसी की साँस की कोई गारंटी नहीं, कब रूक जाये। समय तो अपनी गति से चल रहा है। गुजरा समय कोई वापिस नहीं ला सका। समय की चेतावनी कोई नहीं समझ पाता। समय पल–पल चेतावनी देता है कि मुझे पहचान, अनजान मत बन, यह घड़ी भी बीत जायेगी। इस पल से मत चूक। पहचान अपने को। प्रभु पाने का कोई यत्न कर ले। अभी जो घड़ी मिली है, इसका दास बन जा। बाकी सब प्रभु पर छोड़ दे। यहाँ तो स्थिर दृढ़ रहने की आवश्यकता है। प्रभु को तो अपने अनुभव से जाना जा सकता है।

मैं यह भी नहीं कहती कि सभी काम छोड़कर केवल ध्यान करने बैठ जाओ। मैं कहती हूँ, अपने काम में ध्यान ले आओ। फिर देखो, काम करने का आनन्द। रात को सोते समय ध्यान में आओ। नींद भी अच्छी आएगी और दिन भर की थकावट भी दूर होगी।

यहाँ एक आसान विधि दे रही हूँ। सोते समय हल्के रंग के ढ़ीले–ढ़ाले वस्त्र पहनें। वस्त्र साफ होने चाहिए। उसी तरह चादर धुली हुई साफ हो। अपने बिस्तर पर किसी बाहर के व्यक्ति को न बैठने दें। अगर जगह की कमी है तो रात को सोते समय अपनी चादर बदल लें। सुबह उठते ही पहला काम अपनी चादर को लपेट दें। अगले दिन फिर अपनी चादर इस्तेमाल करें। दिन में दूसरी चादर बिछाएँ। सिरहाने की जगह अपना एक कम्बल रखें। उसी पर कम से कम 20 मिनट तक सीधी कमर करके बैठ जाएँ। सारा ध्यान मस्तिष्क पर एकत्र करके तीसरे नेत्र पर ले जाएँ। पूरा शरीर ढीला छोड़ दें, उसके बाद जब थकने लगे या 20/25 मिनट बाद सीधा लेट जाएँ। अपनी श्वास को देखते रहे यानि भीतर धड़कनों में आवा–जाई को महसूस करने के साथ स्वयं को देखना है। बिल्कुल सहज करना है। उसी में नींद भी आ सकती है। साथ ही अपने को बिल्कुल निर्विचार रखना है। कोई विचार ना भरें। मन में लाये भी नहीं। इस राह पर चलने वाले विरले भाग्यशाली होते हैं। जो परमात्मा की कमाई की ओर चलते हैं।

मंजिल

राह में ठोकरें बहुत थी, नजरे मंजिल की ओर थी,
चुपचाप चली थोड़ा, अपने में गुम तो जरूर थी।
योजना न कोई व्यवस्था, बेहद तड़प भरा दिल था,
बाँटना न कोई दुःख चाहता था, ये मेरा नसीब था।
राम से कहती चली, मुसाफिर तेरी राह की हूँ,
अथाह सिन्धु की जो बूँद भीतर पड़ जाए,
क्या हुआ मैं भी तेरे बाग का फूल हूँ।
बिन देखे अब निगाहों को चैन कहाँ,
सुबह का इन्तजार खिलने को बेकरार।

कहीं कोई खुलासे का इन्तजार है।
नजरों की भूख रूकती नहीं,
मुसाफिर बन जागना चाहती हूँ।
देखने की नजर जुटाना चाहती हूँ,
इन नजरों में तुझे समेटना चाहती हूँ।
अस्तित्व भरा प्रेम झरा भरपूर,
कर सफर ब्रह्माण्ड की मंजिलों का।
अनोखा देख ब्रह्माण्ड में फैला प्रेम,
प्रभु की सृजन ऊर्जा को देख।
मैं करूँ धन्यवाद निरन्तर,
मैं बोल उठी "वाह! वाह! रे प्रभु बरस उठा"।

लोग दिखावे का प्रेम करते हैं, जताने का प्रेम करते हैं,
एकत्र हो प्रेम को नुमाईश बनाने का यत्न करते हैं।
प्रभु तो सभी की जिन्दगी को बेहतरीन बनाने का यत्न है।
मौत से पहले सभी के साथ मुस्कुराने का मौका देती है,
बड़ा मुश्किल है प्रभु प्रेम में बह जाना, दुनियाँ ने तन्हा किया।
प्रभु को मेरी खबर रही, तन्हाई में तन की जंजीरे हिला डाली,
तन्हा थी तारनहार की कृपा ने तन्हाई में मुलाकातों की वर्षा करडाली।
मैंने.......
श्वास से श्वास जोड़ फाँसले को मिटा दिया,
मुझमें बैठा देव, श्वास ने जगा, मिला दिया।
खण्डहरों में भटकती मेरी खामोशियाँ, तार–तार मुझे कर जाती,
अगर दर प्रभु का सुकुन न मिलता,
ये जन्नत का दरवाजा भी भीतर से न खुलता।
जरा नजरों से धुंध जो हटा ली जाए,
सारा अंधियारा लो बेअसर हो जाए।
निर्मोही बन्दे एक खुदा को याद कर,
खुदा तक रहा तुझे पल–पल,
छोड़ जग के ताने सितमगर के लिए।

प्रिय स्वजन,

सबसे पहले मन से मन का मनन करना, मन को टटोलना, सुन्दर मन में ब्रह्म की अनुभूति छिपी है। स्वयं के भीतर खोज करना। सुन्दर रचयिता ने मिलन का माध्यम भीतर ही बनाया है। खोज अन्तस् से शुरू होती है। साथ ही माया से बचना है। मन ही सतत माया का चिन्तन भी करता है। माया रूपी जंजाल से बचना है। मन के द्वारा हृदय में प्रवेश कर परब्रह्म परमेश्वर को खोजना है। यह शरीर एक शिव वाटिका है। ध्यान से तीसरा नेत्र जगाएँ। शिव मूर्ति को तोड़िये। ध्यान बस एक जरिया है, अन्दर बैठे प्रभु की पूजा का। प्रतिदिन ध्यान में अपने भीतर एक कम्पन पैदा करिए। शिव की भक्ति करने से जन्मदाता के दर्शन होंगे। ध्यान में शिव–मूर्ति को उतारते जाना है। खुशबू की तरह ध्यान पूरे शरीर में बिखरता हुआ महसूस होगा। अपने प्रभु से प्रेम की सारी हदें तोड़ दें। कोई हद बाकी न बचे। ध्यान में सारी कामनाओं के परिंदे से उड़ते नजर आये। अपने इष्ट पर भरोसा कर आगे बढ़ना है।

मुलाकात के लिए कोई महात्मा ढूँढ लीजिये। स्वर्ग का नजारा भीतर ही है। बहुतों की मुलाकात का वक्त आता है, डर जाते हैं। डरना नहीं है, भीतर से पिंघलना होगा। तरल पदार्थ अच्छी तरह मिल सकता है। मेरे शब्दों में कह पाना मुश्किल है। जहाँ शब्दों में उतारने में असमर्थ हूँ, उस सौन्दर्य को कह पाने में असमर्थ हूँ। वही भीतर से नम हो आँखें भर आएँगी। अब स्वयं की सिंचाई का वक्त आ गया। समझना बस किसी पारखी की संगत पकड़ लेना। यहाँ इश्क की बाजी प्रभु अपने से खेल जाना। अब भक्त का सही में सन्यास का वक्त आ गया। संसार का सूरज ढ़ल गया।

सन्यासी वही कहलायेगा, जब साक्षात्कार कर लेता है। मौत को करीब से जान लेता है। अब शरीर नया हो गया, कुछ नयापन आया। करुणा का दीया जल उठा। रात–दिन एक हो गया। अब सन्यासी सच में सन्यस्त हो गया। उसे पता चल गया उसका जीवन व्यर्थ नहीं हुआ। खोज रंग लाने लगी। व्यर्थ की बातों में समय नहीं बिताया। अपनी ऊर्जा को रात के अँधेरे से खींच कर उजाले से भर लिया। अनेक चुनोतियों का सामना कर आगे बढ़ गया। जीवन का असली परिचय पहचान लिया।

जीवन क्या है, इसका उत्तर जानने में समर्थ हो जाता है।

जब तक अपने प्रश्न का उत्तर नहीं जाना।
मैं कौन हूँ? तब तक जीवन व्यर्थ समझो।

सन्यास बेकार हो गया। जीवन भर खाली रह गये। संसारी हो या सन्यासी कोई फर्क नहीं पड़ता। सन्यासी जीवन भी खाली बिता दिया। बाहरी जानकारी बटोरते रह गए।

मैंने अपने जीवन में अनन्त की प्राप्ति कर, सन्त और बसन्त के आनन्द की मौज ली। जहाँ सच्चा सन्त गुजरता है, वहाँ की धरती भी स्वागत करती है। प्रकृति खिल जाती है। वह मनुष्य ईश्वर के अंश को पहचान लेता है। अपनी सामर्थ्य को पहचान कर नूतन जगत में प्रवेश पाता है।

मैं तो कहूँगी एक अनुभूति जहाँ से मिले, ले लो। वही मोक्षकारी हो जायेगी। मौका मत चूकना, किस रूप में भगवान मिल जाये। क्या पता कोई प्यारा मिल जाए। भीतर की अनुभूति हो, वही तारनहार बन जाए। कौन कहता? किसने रोका है? संसार भी चलाते रहो, काम भी करते रहो। बस दलदल में मत फँसो। इसी में संसार की भलाई है। यही तक रहने वाली है। भला करो, सोचना नहीं कि दूसरा भी भलाई करेगा। तुम्हारी सामर्थ्य थी मदद की। फिर संसार की और नहीं देखना। वहीं का वहीं छोड़ देना।

कण–कण में समाई परमसत्ता एक ही परमात्मा है। अब उसे किसी नाम से पुकारो। उसका कोई नाम नहीं, जाति नहीं या कहूँ कि कोई विशेष स्थान भी नहीं है। निराकार परमात्मा की परम शाश्वत सत्ता ही सत्य है।

अनेक आध्यात्मिक गुरु हुए हैं। भाग्यशाली लोगों ने पहचान की है और लाभ उठाया है। गुरु बनाया और गुरु को समर्पण देकर अन्धकार दूर किया। अपने भीतर दिव्य ज्योति जगाई, दिव्य प्रकाश के साथ अपना सारा अन्धकार दूर कर अपने को आनन्द से भर लिया। दिव्य प्रकाश के साथ अपने सभी संस्कार में भी उजाला भर लिया। यहाँ सब प्रभु का है।

मनुष्य जन्म तो प्रकाश को जानने के लिए बना है। प्रभु सम्पदा का अधिकारी होना आसान नहीं है, मुक्ति का साधन भीतर का प्रकाश है। स्वयं के भीतर का जागरण।

देख प्रभु की कारीगरी मेरा दिल भरमाया,
क्या है, क्या बताऊँ, अरे वाह!
क्या खुबसूरत नजारा उफ़
मेरी तबीयत ठीक नहीं है
मैं सर्वव्यापी के घर आ गई हूँ
ये तो सब जगह है कोई जगह खाली नहीं
मैं कहा जाऊँ, आराम कर सकूँ
मुझे सोये बहुत दिन हो गये
किसे बताऊँ, कौन सुनेगा मेरी बात
भाँति–भाँति के द्वार दृश्य–अदृश्य हो रहे हैं
क्रियायें बोल पड़ी है, बर्फ पिंघल रही है
पिंघलने का संकेत मिल चुका है, सब पुराना हो रहा है
मुझे सब का बोध हो रहा है, अंश रूप में मिल रहे हैं
मेरा पता उन्हें मिल गया था, मैंने पता सर्वव्यापक का खोज लिया
अनेक शब्द एक हो गये भगवान, प्रभु,
परमात्मा, जगदीश सब परमेश्वर खो गये।
स्वयं का अनुभव करते–करते लिखते–लिखते,
अचानक क्यों रुकी विचार से भरी।
किसी का कोई सहारा नहीं, मूल में पहुँच गई,
भंडार का अनुमान लगाना ही असम्भव।
जो मिला निरन्तर मिलता गया,
ईश्वर की आकाशवाणी, बढ़ती गई मैं सुनती गई।

लो आ गई जोगन पूर्णता की अनुभूति लेकर
खुद की कश्ती कर ले तैयार, फिर हो जा सवार।
साँझा है ब्रह्माण्ड, सबका साँझा है ब्रह्माण्ड

आहिस्ता–आहिस्ता खोलो मन के द्वार
आँख बन्द कर देख सब है तेरे आस–पास
फिर एक बार बचपन का खेल
खेल ले परमात्मा के साथ जैसे
बचपन में आँखों पर हाथ रख चोरी–चोरी
झाँकता था दोस्तों की वो ही नजर खोज ले
आज वो खेल प्रभु अपने के साथ खेल ले कोई चोरी नहीं
तू सीधा ही देख ले : देखेगा तो दिखेगा, वो भी खेलता पायेगा।

प्रभु का देख रास मैं जोगन हो गई
मैं शामिल हो गई महारस में, मुझे रास आ गया
कोई न जाने प्रभु की बन्दगी मेरी जिन्दगी का फसाना
मैं जोगन हो गई
मेरी आरजू यही नैना भीतर दर्शन हो जाए
पुकार हुई पूरी नैनो में साहिब बस गया
बड़े भाग साईं के नैनो से नैन मिले
मैं जोगन हो गई
नजर कुछ और न आये, मैं जोगन हो गई
हर पल बरसे नूर, झूम–झूम उठे मेरा मन
जीवन में भर गया उल्लास, पहचान गई
मैं जोगन हो गई प्रभु भाग इधर–उधर जाये में मन व्याकुल होय
पल–पल नवनीत क्रन्दन देख करू अभिवादन
सृष्टि का एक–एक अंग बरसाए आशीष सब संग
मैं जोगन हो गई

मैं जोगन जगत को छोड़ स्वर्ग से होकर आई हूँ। ब्रह्म भेद का संदेश भूतल (पृथ्वी) पर लाई हूँ। मेहरबां हुआ परमात्मा जमी से हटाया पर्दा मुक्त हुई। मैं बाधा विहीन नैन डूबे परमानन्द पलके मचली आनन्द नैन भरे नीर ने सींची पीड़ा मन भीतर घुंघट घोला दीप जाए नैनों में तैरती झलकियाँ आईना हुई क्षितिज बंधा जंजीरों में नैनों ने चुप निहारा। आह!

मस्तक पर दस्तक हृदय हुई गर्जन मूसलाधार बरसा कृपानिधान।

बोझ का बंधन जहनों पर अक्सर टूट जाते हैं
प्रेम का कोमल बन्धन बड़ा अबोध होता, अबोध (नाजुक)
नजरिया अपरिपक्व होता है, शीघ्र सवेरा लाता है
मस्तिष्क में विचारों की लहरें, लड़ते–भिड़ते दूर हुई
उधड़े गहरे राज खुद ही उलझती, सुलझाती रही
खोल गया हृदय के किवाड़ जाने कौन अमरो से आया
मधुर मिलन में पी का घुंघट सरकाया झरना अमृत का बहाया
लिखना किया भीतर की रूतों ने बहलाया, सुनहरे सावन रंग बरसाया।
बात दिमाग में आई ध्यान का अध्ययन करने में चतुराई है।

प्रभु के साथ संधि करने में बड़ाई, मानव और प्रकृति के भेद खुले अनेक। छोटे–छोटे कदम भी खोल देते हैं भेद बात दिमाग में डाल लो मेरे भाई खेवनहार एक है। बैठ कश्ती हो जा सवार जग के दुःख से हो जा पार शब्दों में ना उसको तोल बेहतर होगा तल से जुड़ मूल्य उसका जान मुस्कुराते फूलों को देख पहाड़ों से गिरते झरने देख मिटने दे। अवसार तारों में कोई दीप नहीं सत्य का प्रकाश भरा भरपूर लड़ना पड़ता है। मगर यह हृदय की कोरी कल्पना नहीं, अँधेरों को आगे धकेल सत्य का दीप जलाए।

ध्यान से संघर्ष कर सुनहरी किरणें फूट आएँगी
नया सवेरा उदय दिखेगा गूंज पंछियों की सुनेगी
चलोगे ध्यान में सहारा प्रभु का मिल जायेगा
मैं उड़ती गई एक अल्हड़ परिंदा ध्यान की उड़ान में
मिली जब उजाले से रात खो गई दिन खो गया
मेल हो गया ज्ञान का फिर एक बुद्ध हो गया
प्रभु की महफ़िल में मेरे साथ फरियाद कर
मैं पहुँच गईवो देख रहा था परख–परख कर मुझको
कौन कहता है अजनबी है पागल है पागल

मुझे पता मिल गया चेतनता विलसती का
क्षण–क्षण उज्जवल झरत–अमीरस का
(चेतनता – विराट चेतना शक्ति) (विलसती–क्रीडा करती)

रात भर घूमती रही छत पर, पूरा अस्तित्व था अंग–संग
अमावस की रात थी चाँदनी भरी सौगात कांड था ब्रह्माण्ड का
रूह की तह को छू गया ब्रह्माण्ड में आकाश भी घड़ी भर को खेल गया

क्या कहूँ मेरे प्रियतम पियारे,
साँसों की बंसरी बजत मोरे हृदय
प्राण हुए खामोश तूफान जहाँ उठते थे अन्दर
समुन्द्र पलते अन्दर ठहरा जिस्म
साँस कहे बहे जाती हूँ
दिन–रात का भेद खोल जाती हूँ
धैर्य का हथियार सुरक्षा कवच दिए जाती हूँ
रब की रजा में खुश रह
बेमिसाल अनुभव दे जाती हूँ
प्रभु का वन्दन महकता अन्दर,
अँधेरे में अस्तित्व का चिराग दिखता
मेरी चेतना जगी अस्तित्व का झरना
बहता नजर आता है
पंछियों के मधुर कलरव शाखाएँ
झूलती मैं खो गई कोई हलचल नहीं
कानों में गजल कोई गुनगुना रहा
ये कौन संगीत सुनाता रहा

मेरी जिन्दगी का है तजुर्बा
शातिर दिमाग को छोड़ो
मेरे हृदय की बात जो दिखा लिखा मैंने
सहज रहो दिन–रात खुल के जिओ
खुल के प्रकट करो अपना आपको

गजब खेल दिमाग का मत होना बर्बाद
खुल के जिओ, खुल के रोओ, खुल के हँसो
प्रकट करो मन के भाव खुद के हालात खुद देख

लो आ गई जोगन जिन्दगी का सीधा परिचय
जरा आँख बन्द कर खुद ही को खोदने लगी
वास्तविक घटना पल–पल घटती दिखती गई
अंधियारे को चीर उजाले में नजरे थोड़ी बोझल हुई
महक खुशियों भरी झिलमिलाती सुबह हुई
मैं ठहरी नहीं जमीन पर आकाश में उड़ने लगी
मैं उड़ी हवा में तामील कोई पूरी होने लगी
गिर गया अहंकार पिंघलती रही बर्फ की तरह
सदियों से भटकती काया आत्म मुग्ध हुई
गुजरते हुए काफिले से सफर उजालों से भरा शुरू हुआ

संतों के संदेश

सिद्ध संत महात्मा के उपदेश खोल कर देख लें। सभी ने जीवित शरीर का महत्व बताया है। आत्मा को जानकार शरीर में मन से बंधा बंधन टूटता है। जब मन का बंधन टूटता है, परमात्मा से बंधन बंधता है। सन्त–महात्माओं का यही फरमान है – जीते जी मरने की युक्ति सीखनी चाहिए यानि मरने की घटना तो घटनी निश्चित है। उसी तरह इस नाशवान संसार में मनुष्य अपने भीतर से परमात्मा को जानकार मृत्यु से छुटकारा सहज प्राप्त कर सकता है।

पूर्ण संतों ने शरीर में परमात्मा को जानकार रूहानी यात्रा करने का मूल संदेश दिया। जीते जी मुक्ति की युक्ति का रूहानी अभ्यास सिखाया। संतों ने जीव को संसार रूपी सागर में रहकर दुखों से उबारने का प्रयत्न किया। कोई सभी पूर्ण संतों हमें अपने अनुभव व तरीके देकर चले गये।

मुझे तो लगता है रूहानी संतों का आना प्रभु के हाथ है। अपनी इच्छा के अनुसार कोई काम नहीं होता। आज मैं जानकार यह भी नहीं कह

सकती कि परमात्मा सब नियुक्त करता है। कोई विरला भाग्य वाला होता है जिसको प्रभु की ओर जाने की तड़प है। अपनी आत्मा में प्रभु को जानने के लिए दौड़ता हैं वह कुछ ही आत्मा होती है। जीवित तत्व ज्ञानी गुरु की तलाश करता है।

सभी असली उपदेश भूलकर धार्मिक संघटनों पर आपसी झगड़े शुरू कर देते हैं। आत्मा को जानना तो बहुत दूर की बात रह जाती है। आज परमात्मा को जानने के बाद अपना अनुभव लिख रही हूँ। परमात्मा को जानने के बाद कोई भ्रम नहीं बचता। परमात्मा केवल एक ही है, सबके भीतर उसी का वास है। आत्मा का परमात्मा से मिलन ही सर्वश्रेष्ठ मिलन है। रचनात्मक कार्य सदैव सुख और तेजस्विता बढ़ाता है। जीवन के माधुर्य को रस लेने के लिए हमें बीती बातें को भुलाना होगा। बीती घटनाओं के बारे में सोचकर व्यर्थ समय न गवाएँ। ज्ञान का धन ही सबसे महान है। आध्यात्मिक ज्ञान ही संसार सागर से पार करता है। वरना संसारी ज्ञानी तो भीतर में अहंकार ही भरता है। आध्यात्मिक ज्ञान नम्रता भरता है। भीतर बसा परमात्मा को जानने की बजाय हम बाहर भटकते रहते हैं। व्यर्थ कार्यों में पड़कर जीवन को थका देते हैं।

मैंने तो यही जाना है कि सभी जीवित आत्माओं के भीतर प्रकाश भरा है। सिद्ध संतों ने इसी प्रकाश को जानकर अखंड़ ब्रह्माण्ड की बात की है। मुझे तो यह बात अति सूक्ष्म लगती है कि प्रकाश की बात तो बहुत बड़ी आन्तरिक है। जान लेने के बाद ही विश्वास आता है। सारा काम भीतरी है। भीतरी एकाग्रता उसी को कहा जाता है जो सारी चेतना समेट कर आँखों के बीच तीसरे नेत्र पर ले आये। सारा का सारा मामला भीतरी है, आन्तरिक है, टिकाव है। यह शरीर का टिकाव भवजाल की ओर ले जाता है।

मृत्यु को सींचना है तो टिक कर सींचा जा सकता है। मरने की तकलीफ से बचने का संसारी कोई रास्ता नहीं। सारा कर्मकाण्ड बाहरी जीवन के लिए है। प्रत्येक जीव के जीवन में मृत्यु को भोगना लिखा है। मृत्यु का भय हजारों साँप, बिच्छु के डंक मारने जेसा है। मृत्यु के दर्द से आत्मसाक्षात्कार ही बचा सकता है या किसी तत्व ज्ञानी गुरु का सान्निध्य में रहने वाले बच सकते हैं। पेड़ की छाया में शीतलता सभी को मिलेगी।

व्यर्थ की बातों में समय गुजारने की बजाय समय का उपयोग सीख जाये। सवाल बस ध्यान का है कि कैसे बैठा जाये। सभी का अपना–अपना तरीका है। एक आसन में बैठना इसलिए बताया गया है कि टिक कर बैठा जाये। सबसे पहले सुबह की आदत डालनी चाहिए। कम से कम आधा घंटा टिक कर बैठ जाये। शरीर से किसी प्रकार का कोई संघर्ष न करे। ध्यान कोई जबरन करने का काम नहीं है। मन को धीरे–धीरे सावधानी से साधे। रहा बैठने का सवाल एक ही आसन में बैठने की कोशिश करे। पहले बैठना ही साधना होगा। जितनी देर भी सरलता से बैठा जाये, बैठने का अभ्यास करना चाहिए। यदि बैठा न जाए या बेचैनी महसूस हो उसी समय खड़े हो जाये, थोड़ा टहलने के बाद बैठने की कोशिश करे। शरीर को जबरन खींचातानी से रोके। हमें अपनी चेतना को समेटना सीखना होगा। बैठने का समय बढ़ाना है, श्वास को एक बिंदु पर समेटना है। शुरू–शुरू में ध्यान में बैठेंगे तो शरीर में जो तकलीफें दबी हैं, सामने आएँगी। दुखना शुरू हो जायेगा, दर्द चलना शुरू हो जायेगा, घबराहट–बेचैनी महसूस होगी। एक नशा सा होगा, नींद आयेगी। लेटने को मन करेगा। नींद भी आयेगी। आपको अच्छा लगेगा। अभ्यास के समय नींद की बड़ी समस्या है, इसलिये पीठ का सीधा रखना आवश्यक बताया गया है। जब पढ़ते हैं या कोई काम करते हैं तो सीधा बैठते हैं तो काम करने में आसानी रहती है। पीठ का सीधा रहना जरूरी है। सहारा ले सकते हैं लेकिन पीठ सीधी रहनी चाहिए। नींद में सारी चेतना कंठ–चक्र में चली जाती है। जब भजन कीर्तन या अभ्यास करते हैं तो चेतना आँखों के केंद्र से नीचे चली जाती है तो गहरी निंद्रा आ जाती है। शरीर को धीरे–धीरे ध्यान का अभ्यस्त बनायें। एकाग्रता का पूरा सम्बध बैठना है। एक बार सारी चेतना शरीर में सिमट जाती है सारा काम अभ्यास का है। मन को समेटने की कोशिश करिये, उसे भागने से रोकना है। इसलिये योग–प्राणायाम का इस्तेमाल किया जाता है। योग–प्राणायाम के द्वारा भीतर के नौ द्वार खाली होने के बाद श्वास से जुड़ने लगते हैं। शरीर की चेतना सिमटने लगती है। शरीर का बाहरी समस्याओं से जुड़ाव कम होने लगता है। योग आसनों का बहुत महत्व है। ध्यान के लिए स्वस्थ शरीर का बहुत महत्व है। अस्वस्थ व्यक्ति ध्यान नहीं कर सकता है।

ध्यान उसी प्रकार है जिस प्रकार किसी घने जंगल से निकलते हैं तो कपड़ा झाड़ में उलझ जाता है। उसको एक–एक करके काँटों से छुड़ायेंगे तो सहज और आसानी से निकाल लेंगे। अगर कोई जल्दबाजी की तो आप चादर से हाथ धो बैठेंगे, चादर तार–तार हो जायेगी। एक झटके में चादर को खींचेंगे तो चादर बुरी तरह फट जायेगी। उसी तरह ध्यान है। ध्यान में धीरे–धीरे शरीर को एकाग्र किया जाये। इसी कारण ऋषि–मुनि ध्यान की एकाग्रता के लिये पहाड़ों की कन्दराओं में चले जाया करते थे। गुफाओं में ध्यान किया करते, थोड़ा जरूरत का सामान रखते थे। योगा अभ्यास के द्वारा शरीर को स्वस्थ रखते हुए ध्यान का अभ्यास करते थे। तत्त्व ज्ञानी गुरु के द्वारा खास तरकीब की जानकारी लेकर मन्त्र शब्द के द्वारा नाद की ध्वनियों से शीघ्र जुड़ जाते थे। एक उच्च अवस्था में पहुँच जाते।

भजन ध्यान के लिए पेट का अधिक भरा होना जरूरी नहीं। परिश्रम के लिए पेट का भरा होना आवश्यक है। यहाँ परिश्रम की आवश्यकता नहीं। सख्त मेहनत करने वाले थक जाते हैं फिर उन्हें भूख लगती है, नींद आ जाती है। इसलिए दिन–भर काम करो, सुबह का समय ध्यान के लिए उपयुक्त बताया गया है। शरीर का शारीरिक परिश्रम करना ध्यान में कोई रुकावट नहीं है। ध्यान के लिए सुबह का समय उपयुक्त है। दोपहर को और शाम को अपनी इच्छानुसार समय दीजिये। अपने भीतर उतरने में कोई फर्क नहीं पड़ता। इसलिए ध्यान के लिए पेट का खाली होना आवश्यक है। एकाग्रता बँधने पर नींद तो अच्छी आयेगी। मन का फैलाव ही सबसे अधिक निंद्रा में बाधक है।

जो लोग नींद से परेशान हैं नींद नहीं आती, उन्हें मन को सुस्त रखने की दवाईयाँ दी जाती है। ये दवाईयाँ (ट्रेक्वीलाजर) या नींद की गोलियाँ दिमाग के लिए हानिकारक सिद्ध हो सकती है। तनाव रहित नींद तो आ सकती है, कुछ समय दुनियाँ के झंझट दिमाग से निकल जायेंगे, भूल जायेंगे। लेकिन फिर से दुनियावी कामकाज में आ जायेंगे, फिर वही झंझट शुरू हो जायेंगे। ध्यान में सबसे पहले अपने को खाली करना सिखाया जाता है। सोते वक्त मन शरीर से अलग हो जाता है। कई बार मन सोते समय भी अलग नहीं होता, बुरे–बुरे सपने आने लगते हैं। यह

सब दिन–भर का तनाव बनकर सपनों में उतरने लगता है। वहीं आप किसी अच्छे सन्त की या कोई साहित्य पढ़ते हैं तो नींद में भी ऊँची उड़ान भरने लगते हैं। ऊँचे और सच्चे सपने सुनाई देने लगते हैं। कभी–कभी बहुत आश्चर्यजनक रूहानी नजारे दिखाई पड़ते हैं। यहाँ एक बात उन लोगों से कहना चाहूँगी जो व्यक्ति अक्सर नींद की गोलियाँ खाकर सोते हैं, वे व्यक्ति गोलियों की जगह गुरु–मन्त्र और प्रक्रिया जान लें तो रामबाण का काम देगी या फिर श्रद्धानुसार किसी अन्य मन्त्र को जप कर सोयें तो अवश्य ही अच्छी नींद आयेगी। मन्त्र रूपी गोली का सुमिरन करना शुरू करेंगे तो अच्छी सुखद नींद का आनन्द ले पायेंगे। शीघ्र तनाव मुक्ति का आसान और परिपक्व इलाज है। मेरा सुझाव उन सभी के लिए है, जो विश्वास के साथ मन्त्र को लेकर आराममयी जीवन जीना चाहते हैं। अपने भीतर कोई भजन या कोई सुन्दर गीत भी चला सकते हैं। मन भक्ति सेपूर्ण हो शब्द यानि ध्वनि से जुड़ना शुरू हो जाता है। एकान्त भजन का आनन्द लेना शुरू करें। सामूहिक भजन गुरु के सान्निध्य में ही ज्यादा फलता है।

मैंने स्वयं कई बार सामूहिक भजन में देखा कि कई लोगों का गहरा ध्यान लगा है। वहीं दूसरे व्यक्ति के खर्राटे की आवाज से समाधि में खलल पड़ा, उसका ध्यान टूट गया। किसी की श्वांस बहुत गहरी चल रही है, कोई बहुत हिल रहा है। कोई उठकर बाहर चला जा रहा है, कोई आ रहा है। बहुत अवरोध होते देखा। इसलिए कई बार सिर ढक कर ध्यान बताया गया है। सिर ढकने से आसपास बैठे लोगों की मौजुदगी महसूस न हो। हालांकि सिर ढ़कने की कोई जरूरत नहीं है। सिर ढ़कने से आसपास के वातावरण की कोई हलचल महसूस न हो, हम किसी को देख न सके, एकाग्रता लगातार बनी रहे। कई बार हमारा नियम बाहर होने की वजह से टूटे नहीं। अपना मुँह ढ़ककर ध्यान में बैठ गये।

श्वास–श्वास की सम्भाल कर, श्वास–श्वास से पुछूँ कौन हूँ मैं
तेरा–मेरा क्या आकर्षण आती–जाती, श्वास के साथ खेल
पुछूँ किससे तेरा पता मेरी हर श्वास में कान्हा बसा
मन राधे का धाम है, खुद को बचाया, हर श्वास को चमकाया
श्वास तू कौन–सी राह आती है, मुझे भी ना बताती है

बच के निकल जाती है अब खौफ तुझको है खो ना दे मुझको
तेरे कारण जिन्दगी में खुशी बहुत हैं
आँखों में जिन्दगी की पहचान करवाई है
सारे ब्रह्माण्ड ने खोल दिए किवाड़, मैं घूम आई हूँ
उपर वाला अमृत का पिटार लिए बैठा, मैं खूब पी के आई हूँ।

घट–घट भीतर अमृत घाटी, अंदर–अंदर दर की झाँकी जाके तो झाँक
स्वयं क्योंकर दफन क्यूं बेकाबू, भीतर लौ लगा के देख
उम्र गुजरती जीवन बाती बुझती जाती
इश्क कर ईश्वर से जिस्म में भेद छुपा अगाध
फिर घड़ी–घड़ी घटना घटती जाती
घोर अन्धेरा छटता जाता, घट भीतर कुटिया का जागरण
भीतर फैला प्रकाश होगा, अपने पराये का भान हटेगा
भेद जाना जब अंधेर गुफा का, भ्रान्ति सबके पार हुआ
गगन मण्डल चमक उठा, रोशन सारा ब्रह्माण्ड मिला

अपना अनुभव

स्वयं अनुभव होगा, तभी उजाला होगा। अन्धकार दूर होगा। पहले धुंधलापन दिखाई देखा। वह धुंधलापन भी नहीं टिकेगा, चल जायेगा। वहाँ तो सभी कुछ प्रकाशमान हैं। प्रभाव की बात नहीं है, सफलता की बात है। सबकी अपनी–अपनी चाल है। कछुए की गति धीमी भले ही हो। अपनी दौड़ वो भी पूरी कर जीत हासिल करता है। जो चलता है, वही मंजिल पर पहुँचता है। जो आज तक चला ही नहीं, उसकी कोई मंजिल नहीं। कल्पना से उद्देश्य पूरे नहीं होते।

प्रभु ने हमारी भीतर रचनात्मक शक्ति भरी है। उसका उपयोग नेक काम करने में अवश्य करना चाहिए। घर छोड़कर जाने की कोई आवश्यकता नहीं। अपने घर का उच्च वातावरण बनाकर एकाग्रता लानी चाहिये। सच्चे और असली धन की कमाई स्वयं ही करनी चाहिए। वह आलौकिक तेज पवित्र ज्योति दूर भी नहीं, पास भी नहीं। यही शाश्वत सत्य है।

केवल सोचने मात्र से ब्रह्माण्ड की प्राप्ति नहीं होती। कोई भी कारीगर जब तक वस्तु हाथ से बनाना शुरू नहीं करता, तब तक उसकी कलाकारी हाथों में छिपी रहती है। उसी तरह मन की उपज में ध्यान रूपी बीज नहीं बोयेंगे फिर सभी कुछ केवल कल्पना–मात्र है। सत्य तो यत्न से सिद्ध होने वाला है। दिव्य परम ज्योति का मार्ग श्वास से होकर मन तक पहुँचता है, केवल विचार या पढ़ने से नहीं। हाँ, पढ़ने से थोड़ा परिवर्तन अवश्य हो सकता है। वह भी अच्छा है। परमात्मा से मिलने का भाव ज्ञान की ओर पहला कदम होगा, जो ज्ञान का भण्डार है। व्यक्तियों ने बाहरी कितना ही अम्बार एकत्र कर लिया हो, धन पाकर भी भीतर से तो सभी दरिद्र बने हुए हैं। यह सारा मामला तो भीतरी है।

अन्तस् का कनेक्शन जुड़ते ही बिजली के प्रकाश के समान उजाला भर जाता है। परमात्मा की इस विशाल सम्पदा को भी भूल बैठे हैं। प्रभु की इस सम्पदा का थोड़ा–सा अंश मिल जाये वह भाग्यशाली है। बस अटूट संकल्प की आवश्यकता है। गुरु की प्रक्रिया जो भी हो, जुट जाना है। वह पुण्य घड़ी जब भी आये उसे कल पर मत टालना। कल तो रोज आयेगा, परन्तु प्रभु के मिलन का कुल शायद कभी न आये। कल का सूर्य देखने से पहले यह शरीर ही न छोड़ना पड़ जाये।

मैं अक्सर यात्रा में रहती थी। अकेली ही बाहर जती थी। बस या ट्रेन से ही यात्रा करती थी। एक बार बस स्टैण्ड पर बस की इन्तजार में खड़ी थी। मेरे साथ एक महिला खड़ी थी। वह अपना कुछ सामान घर भूल आई थी। उसने अपने पति को फोन किया कि मेरा कुछ सामान नीली थैली में रह गया। आप जल्दी से दे जायें। हमें तकरीबन आधा घंटा हुआ होगा बस की इन्तजार करते हुये। समय हो रहा था, बस आती दिखाई दे रही थी। उसके पति साईड़ में गाड़ी लगा कर एक हाथ में थैली और एक हाथ में फोन से बात करते हुए जल्दी से चले आ रहे थे। इधर देखा ना उधर देखा, रोड़ पार कर रहे थे। एक तेजी से चलती आ रही टैक्सी ने इतनी तेज टक्कर मारी के वो बहुत दूर जा गिरे और गिरते ही खत्म हो गए। सभी यात्री देख रहे थे। उसी समय बस भी आ गई। यह सब देखकर वह स्त्री बेहोश हो गई। मैं उस बस में नहीं चढ़ी। मैंने उस स्त्री को सम्भाला, पानी पिलाया। जब तक वह होश में आई, मैं उसके साथ रही। फिर उसका फोन लेकर उसके रिश्तेदारों को फोन किया। तब तक

पुलिस भी आ चुकी थी, काफी भीड़ लग गई थी। उसके करीबी रिश्तेदार आये और उसे ले गये। मैं अगली बस में चढ़ी। इसलिये सभी सावधान हो जाओ। काल खड़ा मुँह बाये, जाने कब लपेटे में ले ले।

कोई भी दिव्य महापुरुष मिले, तत्काल पुण्य कार्य में लग जाये। दिव्य वही है, जो स्वयं जगा हो और वही जगा सकता है। जो स्वयं ही अन्धकार में हो वह दूसरों को क्या रोशनी दिखायेगा। अब कपड़े तो वही है, कोई सिलाई में माहिर है, कोई धुलाई में माहिर है। अब मुझे एक स्त्री होते हुये कभी खाना बनाने में आनन्द नहीं आया। जो आनन्द प्रभु सिमरन, ध्यान, समाधि में आया। हाँ, प्रभु ने मुझ पर जो कृपा की, उसी के प्रताप से बहुतों का ध्यान लगवा चुकी हूँ, कईयों की समाधि लग गई। आज वही व्यक्ति ध्यान ना करे तो लगता है कुछ कमी रह गई है। कई बार मुझे फोन आते हैं। जब तक प्रभु के लिए ना बैठे शान्ति नहीं मिलती। प्रभु के मिलन के बाद शरीर बहुत हल्का हो जाता है। अब प्रभु ने मुझे इन्हीं युक्तियों से नवाजा है। क्या करूँ? मुझे केवल श्रद्धावान चाहिए, तमाशबीन नहीं। जो अपने जीवन में प्रभु को भरना चाहते हैं, जो समर्पण के साथ जीवन का तालमेल बैठाना चाहते हैं।

ध्यान का बीज भी फुलेगा। सभी परमात्मा का अंश है। साक्षात्कार से ही आवागमन का चक्कर कट सकता है। अब तो 84 लाख योनियाँ ही नहीं अनगिनत सी लगती है। परमात्मा ने तो कृपा करके मानव जीवन देकर मौका दिया है। व्यक्ति अपनी पूर्णता को पहचानने में असफल है। सब बाहर ही ढूँढता रहा अपने भीतर आदर्श मूर्ति का निर्माण न कर सका। अपनी ही पूर्णता को पहचानने में असफल है। बाहर ही खोजता रहा। एक बार अपने भीतर भी खोज लेता। सब मिल जाता। बाहरी मूर्तियों से सम्बन्ध जोड़ता रहा। यही तालमेल अपने भीतर जोड़ लेता तो आँखें साफ होकर सब साफ दिखाई पड़ जाता। आन्तरिक सोई शक्तियाँ जागृत हो जाती।

अपनी पूरी शक्ति एक बिन्दु पर केन्द्रित करके ही लाया जा सकता है। गहराई से निरन्तर करना होगा। पूर्ण युक्ति के द्वारा ही भीतर के दाग–धब्बे धोये जा सकते हैं। अन्तःकरण में प्रभु के दर्शन पाने के लिए प्रभु को प्रकट करने के लिए चित्त की शुद्धि अत्यन्त आवश्यक है। अन्तस् में किसी प्रकार का कोई नामोनिशान नहीं रहना चाहिए।

आपने देखा होगा कई सेठों के व्यापार पीढ़ी–दर–पीढ़ी चलते हैं क्योंकि वे अनुभवी होते हैं। अपना हुनर अपनी नई पीढ़ी को देते जाते हैं। नई पीढ़ी भी व्यवहार को सम्भालने का हुनर जानती है, जो निरन्तर पीढ़ी–दर–पीढ़ी लाभ उठाती है। उसी तरह दूसरे जो निरन्तर व्यापार बदलते रहते हैं। वह कभी स्थिर नहीं हो पाते। ऐसे व्यक्ति असफल रहते हैं। उनका समय और पैसा दोनों बर्बाद हो जाते हैं। अपना सारा समय नये–नये अनुभव में लगा देते हैं। किसी कार्य में कुशलता हासिल नहीं करते हैं। सदैव सोच–समझ के साथ ऊँचे मार्ग का चुनाव करते हैं।

उसी प्रकार गुरु वही होता है जो अपने साधक को ध्यान की सभी कठिनाईयों से सहज बाहर निकाल देता है। सभी ने गुलाब का फूल देखा है। कितने–कितने कांटे पार किये हैं। तब जाकर सुन्दर फूल खिल पाए हैं। उसी तरह इस शरीर के भीतर कई कांटो रूपी पड़ाव पार कर के ही दिव्यता का फूल खिलता है। उसी खुशबू से पूरा शरीर महक जाता है। यह सब अपने अनुभव की बात है। शरीर खुशबू से भर गया और आकाश का सारा प्रतिबिम्ब सीधा झलकने लगा। सीधा बादलों की सैर। कई बार मन में विचार आया कि लोगों से सीधी बात की जाये। कौन समझता मेरी बात? मुझे तो जैसे पारसमणि मिल गई हो। जैसे कोई दिव्य वस्तु हाथ लग गई हो। जीवन–पथ पर मेरी आलौकिक यात्रा चलती रही। बड़ी अद्भुत और आश्चर्यजनक मणि जो भीतर छिपी है दिव्य ज्योति की। इसे विश्वास और समर्पण से बढ़ाया जा सकता है। श्रद्धा विश्वास ही फल सकता है। कभी करीब से वनस्पतियों को फलते–फूलते देखा है? कैसे बीज अंकुरित हुआ, फिर पौधा बना। फूल खिला, फिर अपने समयानुसार मुरझा जायेगा, गिर जायेगा। यह बात सभी मनुष्यों पर भी लागू होती है। हाँ, एक बात है मनुष्य अपना विकास कर सकता है। जो अन्य जीव–जन्तु नहीं कर सकते। एक व्यक्ति अपना आध्यात्मिक विकास पर अपने भीतर पूर्णता को भरकर खिल सकता है। शक्ति तो सभी में मौजूद है, बन्द पड़ी है। पूर्ण सतगुरु ही खोल सकता है। गुरु के प्रति सन्देह कभी अपना विकास नहीं कर पायेगा। प्रभु की सुन्दर रचना के दर्शन करने मुश्किल है। सभी का अपने भीतर की शक्ति का तारतम्य टूटा हुआ है। शक्ति का स्त्रोत तो सबका बन्द पड़ा है।

विशाल भण्डार रूका पड़ा है।

सर्वोत्तम धन – एक बार महर्षि याज्ञवल्क्य साधना के लिये जंगल में एकांत मौन के लिये जाने लगे। उनकी दो पत्नियाँ थी, एक मैत्रेयी और दूसरी कात्यायानी। जब महर्षि सन्यास के लिए जाने लगे तो दोनों पत्नियों को बुलाया और बोले मेरे जाने के बाद तुम दोनों का झगड़ा ना हो इसलिए मेरे पास जो भी सम्पत्ति है, तुम दोनों में बराबर बाँट देना चाहता हूँ। पहली पत्नी मैत्रेयी ने कहा – स्वामी जो सम्पत्ति दुःख दे, जिस धन को लेकर मैं अमर नहीं हो सकती, वह मेरे किसी काम की नहीं हैं। उसे लेकर मैं क्या करूँगी।

महर्षि बहुत खुश हुये और बोले यह तो बहुत अच्छी बात है। संसार भर में परम धन आत्मा है। आत्मा से अलग कुछ नहीं। जानने योग्य केवल आत्मा है। उसी का मनन करना चाहिए। परमतत्व अनन्त अपार और अदृश्य शक्ति है। जिस शक्ति से सभी अनजान हैं। अज्ञान अवस्था में ही द्वैत का बोध होता है। अज्ञानवश सुनने, देखने और सूंघने का बोध होता है। यह सब भ्रम है। हाँ, जब आत्मा को जान लिया जाता है। वहाँ कौन किसे देखे? किसी सुने? किसका अभिवादन करे? कैसा शोक, मोह, मृत्यु? जब सर्वत्र परमात्म ही दिखाई देता है।

महर्षि ने आत्मा के स्वरूप को विस्तारपूर्वक समझाया, ऐसा उपदेश किया। उनके उपदेश को सुनकर मैत्रेयी ने परम कल्याण अवस्था को पा लिया और ऋषि को धन्यवाद दिया और कहा – आपने बताया कि आत्मा चेतन है, वह न जन्मती है, न मरती है। मैत्रेयी की ऐसी जिज्ञासा देखकर ऋषि बहुत प्रसन्न हुये और बताया कि आत्मा अजन्मा है, नित्य है, शाश्वत है, सनातन है। शरीर का नाश होने पर भी आत्मा बनी रहती है। सारा चक्र प्रभु की दिव्य शक्ति के आधार पर चलता है। मृत्यु उसी भय का नाम है जो शरीर का नाश करती है। ऋषि ने समझाया आत्म–तत्व जो जान लेता है, वह शौकादि क्लेशों को पार कर परमानन्द को प्राप्त कर लेता है। भीतर की कामनायें मिट जाती हैं। वासनाएँ शान्त हो जाती हैं। जिसका अन्तःकरण शुद्ध होता है, वहीं प्रभु अवतरित होता है। यह सब गुरु का आशीर्वाद और स्वयं का प्रयास होता है। ना वेदों के प्रवचन से और ना विशाल बुद्धि से मिलता है। केवल ब्रह्म–तत्व को जानकर व्यवहार में लाकर जीते जी मुक्ति का साधन है।

जिस्म की बस्ती में एक शहर छिपा है,
वहाँ ना मेरी है, ना तेरी है, जान सके तो जान।
जो बसा है गगन–मण्डल भीतर, भरा चाँद–सितारों से,
सजा है हीरे–मोती लाल बेशुमार श्रृंगार उमड़ता ध्वनि नाद,
जागिये, औरों को भी जगाईये, भीतर को संवारिये।
घट भीतर एक दीया धरा, सही ध्यान हो दीया जागजा,
बिन बाती और बिन तेल जलजा धरा दीया जलजा।
अनन्तकाल का अन्धेरा क्षण भर में भगजा।

घड़ी सारी अलौकिक बनाले, जरा–सी हिम्मत जगा ले,
वहाँ बसत है काशी–काबा और कैलाश जरा होश जगा ले।

खोल नजारे बन्द ब्रह्माण्ड, चित्त का ध्यान से सम्बन्ध बना देख नजारे,
भीतर–बाहर एक है, बाकी तो सब किताबों में लिखे लेख हैं।

मैंने उन लोगों को अपनी आँखों से देखा है। पत्थर की मूर्तियाँ तराशते–तराशते उम्र ढल गई, जवानी बह गई, जर्र–जर्र हो गये शरीर। पत्थर तो खिल गये, हाथों की जुगती लगा दी सारी।

उसी तरह अंधे के लिये संसार अन्धकारमय वैसे ही आँखों वाले के लिए प्रकाशमय है। मैं तो कहूँगी – हे मेरे परमात्मा, तू स्वर्ग लिए भीतर बैठा मेरी इच्छा पूरी हुई। मैंने स्वर्ग का राज्य देखा। शून्य की यात्रा तो धुंध के बर्फीले पहाड़ों की अनुभूति है। बहुत आनन्दमय, शान्तिमय लगती है। कभी–कभी खुले आकाश में पक्षी उड़ रहे हैं। कहीं रूकने का स्थान नहीं। काँपते पैर कहीं ठिकाने को जगह नहीं। केवल पंखों का सहारा। पंखों के सहारे उड़ते हुए पक्षी बादलों को चीरते हुए निकलना। या कहूँ अपने मन की आँखों से कोठरी की खिड़कियों से न झाँकों, पूरे के पूरे द्वार खोल दो। निकल पड़ो एक दिव्य यात्रा पर, एक बार विस्फोट होगा। काया में पड़ी जन्म–जन्मान्तरों की बन्द गाँठें खुल जायेगी। जन्म–जन्म की तड़प मिट जायेगी, उसकी सुगन्ध पा जाओगे। ले अमृत की मिठास का प्याला भर लो अपना खाली बर्तन, जहाँ भी बह रहा हो। मधु मिठास पाने के लिए मधुमक्खियाँ तो हटानी होंगी। तभी मिठास नसीब होगी।

शक्ति का स्त्रोत तो भीतर से होकर जाता है। लेकिन केंद्र पर टिकना होगा। शक्तियाँ तो तभी खुलेंगी। श्रेष्ठ गुरु के सान्निध्य से शक्तियों का विकास होता है। गुरु सारी शक्तियाँ को एक मोड़ देता है। यतन के द्वारा ही शक्तिपुंज का अनुभव होता है। जहाँ सारा संसार रात के सन्नाटे में चैन की नींद सोता है। वहीं साधक जागता है। अपना अनुभव सिद्ध होने पर उभरकर बाहर आता है।

जोगन रंगी प्रभु जोगन

मैं तो केवल ब्रह्माण्ड पहुँची प्रभु की दूत बनी। ब्रह्म की सभा में उपस्थित होकर ही मधुर शब्द लिख सकती हूँ, बोल सकती हूँ। मेरे हृदय में प्रसन्नता रूपी बेल उत्पन्न हुई है, पूरे शरीर में फैल रही है मेरे मन में प्रसन्नता के भाव उत्पन्न हो रहे हैं। यह महान गुण बैठे–बैठे किसी व्यक्ति में नहीं आ सकते।

ब्रह्माण्ड के कण–कण में उपस्थित शक्तियों को जानकर उस सौंदर्य का उदान थोड़े शब्दों में भी कहा जा सके तो मैं अपने को धनी मानूँगी। अपनी विरह की अग्नि में उत्पन्न प्रभु प्रवेश की गाथा लिख पाई।

प्राकृतिक सौन्दर्य में प्रभु की सुन्दरता को जानकर लिखना आसान नहीं है। सुगन्धित फूल और भौंरो का गुंजन देवताओं के सुन्दर भवन। कृष्ण की मुरली बज रही थी। बीन की धुनें निकल रही थी। मधुर मण्डली स्वर अनेक गा रही थी। मेरे भीतर की पीड़ा में स्वर गूँजने लगे। मैं अपने सूने मन को लिये अद्वितीय नगरी प्यारे प्रियतम के महल में प्रवेश पा गई। सुन्दर उपवन झाड़ियों में मन फँस गया। वर्षों बीत गये।

एक रात पूर्णिमा की चाँदनी में तारों के जमावड़े से आकृति को उभरते देखती रह गई। कहाँ छिपा था प्रभु, मैं तुझे पहचान गई। उस घने तारों के सौन्दर्य की चाँदनी प्रभावशाली और तेजस्वी थी। वह पवित्र चाँदनी मेरे आस–पास घूमने लगी। मैं जितना समीप जा सकती थी, गई। अनोखी सुन्दरता रत्नों जड़ित सिंहासन तक पहुँच गई।

प्रभु की ऊँची–ऊँची चोटियों पर कन्दराओं का खिलना, अनोखी शोभा देखकर मुग्ध हो जाती थी। बड़े–बड़े लहराते वृक्षों, लहराती बेलों की शोभा देखकर आनन्दित होती रही। अद्भुत नगरी में प्रवेश एक निराला भूखण्ड। असीम सुन्दरता में प्रवेश कौन नहीं करना चाहेगा।

मुझे अपने जीवन में तीर्थ यात्रा के दौरान कई बार धार्मिक स्थलों पर अकेले आना–जाना पड़ता था। मुझे दूर और पास की यात्रा करने का मौका मिला। मेरी यात्रा केवल धार्मिक रही। मेरा प्रयोजन केवल सतय को जानना था। अपना तो इहलोक और परलोक संवर रहे थे। किसी की परवाह किये बगैर तीर्थ–स्थलों की बहुत–सी यात्रायें की। मेरी यात्राओं से मेरे ज्ञान और अनुभव में बढ़ोतरी हुई। मेरी यात्रा वास्तविकता की यात्रा कही जा सकती है। इसी दौरान मुझे दक्षिण भारत कन्याकुमारी जाने का मौका मिला, वहाँ कई परिवारों का बड़ा ग्रुप गया था। रामेश्वरम ट्रेन से पहुँचे थे।

मध्यरात्रि के निविड़ अन्धकार में काले देव भाँति जल में पत्थरों के दर्शन हो रहे थे। समुन्द्र में छोटे–बड़े पत्थर इस प्रकार दृष्टिगोचर होते थे। मानो उन पत्थरों पर उगे हुए वृक्षों की जटाएँ हो। पूरे अस्तित्व में प्रभु राम का अक्श कण–कण में फैला नजर आ रहा था। सारा वन दृष्टिगोचर होते थे। सम्पूर्ण वन में अष्ट भुजा देवी कलश से श्वेत जल राम की जीत की पताकाओं की भाँति वायु में मंद–मंद तरंगों सहित आज भी लहरा रही हो। मैंने उस दृश्य का भरपूर आनन्द लिया। समुन्द्र के ऊपर झिलमिलाते जुगनूं दीपक से दिखाई से पड़ रहे थे। उन्हें देख आनन्द से मुस्कुरा रही थी और तारों का भान हो रहा था। उसी तरह मेरे मस्तक पर तारों की धुंधली रोशनी जन्म ले विशाल रूपी प्रकाश दिखा रही थी। ऐसा लगा, मैं तो जैसे अपने इष्ट प्रभु राम के सम्मुख हाथ बाँधे बैठी हूँ। समुन्द्र में बहता जल–प्रवाह सुखद महसूस हो रहा था। समुन्द्र का तेज जल–प्रवाह पहाड़ों से टकरा कर मधुर ध्वनि उत्पन्न हो कानों में पड़ रही थी। मेरे भीतर के अधखुले किवाड़ भी मानो खुल रहे हो। मुझे प्रगाढ़ शान्ति महसूस हो रही थी। उस समय की शान्ति ज्ञान में उपलब्ध हो रही थी। सत्य के किवाड़ खुल रहे थे, मुझे शान्ति मिल रही थी। शास्त्रों में सत्य को पढ़ा जा सकता है, देखा तो स्वयं के भीतर से ही जाता है।

सभी तो इधर–उधर की बातों में लगे थे। एक–दूसरे की निन्दा में संलग्न थे। मैं उस जल से निकल रही मनोरंजक राग की ध्वनि में मदमस्त थी। किनारों से टकराये पानी से निकली ध्वनि श्रीराम की फौज हनुमान जी की आवाजें सुनाई दे रही थी। मेरे मुखमण्डल का रंग जल

में मुझे ही बदला दिखाई देता था। फिर मैं देर तक सिर झुकाए आँखें बन्द किये बैठी रही। आज वर्षों बाद उस दिन जैसा दिन नहीं आया। मेरा दिन सदैव प्रभु के चरणों के ध्यान के साथ शुरू होता है। प्रभु के बगैर दिन शुरू नहीं हुआ। मैं पूर्णतौर से प्रभु प्रेम में भरी हवा के शीतल कोमल झोंके को भी महसूस कर रही थी। मेरे सम्मुख प्रकृति का पर्दा खुल रहा था। मैं मिटती–घुलती जा रही थी। बस इतना कह सकती हूँ कि प्रेम की चादर ओढ़ कर ही ढ़की प्रकृति को खोला जा सकता है। आज का मनुष्य खुलने की बजाये प्रदुषण पैदा कर ढापने का काम कर रहा है।

यहाँ दूसरे का बदलना नहीं है, स्वयं का बदलना है। स्वयं का बदलना मैं की छाया से बाहर आना है। मैं की प्रतिध्वनि बन्द करनी है। मैं सत्य के द्वार खोलने में आड़े आता है। विशाल सत्य के द्वार के आगे मैं के बड़े–बड़े ताले लग जाते हैं। फिर तो द्वार खोलने की बजाये ढूँढना भी मुश्किल हो जाता है। प्रभु के द्वार के सामने खड़ा होकर भी पहचान नहीं पायेगा। कितना रोये, चिल्लाये, द्वार खुल नहीं पाता है। मैं में भरी दुःख की प्रतिध्वनियाँ निराशा की ओर ले जाती है। उजाला ही सत्य है। सत्य तो उजाला लिये स्वयं के भीतर प्रकट होता है। सत्य का मतलब ही प्रकाश ही प्रकाश है। अब अन्धेरा और असत्य का मिलाप हो गया। असत्य रूपी अँधेरा पीछे छूट गया। सत्य का प्रकाश साफ दिखाई पड़ने लगता है।

धरती पर जन्नत का खुला दरवाजा
ब्रह्माण्ड की बिखरी फुहारों का नजारा
आओ ब्रह्माण्ड की सैर को चले
मैं खड़ी ब्रह्माण्ड बीच इत–उत देखूँ
ब्रह्म नूर बरसाया, कण–कण का कमाल
एक नाद तो उपजा जग सारा, क्या कहूँ भेद

हमारे भीतर

एक सतरंगे आकाश के चमत्कारी दृश्य दिखाई देते हैं।

जीवन को नया जीवन देने वाली ऊर्जा है जो हर साँस में होकर आती है।

सृष्टि का कण–कण प्रेम बरसाता है। ध्यान धरो सब आज्ञा चक्र में
अपने आप हो जाएगा।
आकाश साफ, कभी धूप खिलेगी ,कभी बदरी उठ–उठ आएगी।
तेजी से छमाछम बूंदे बहती अपने आप जाएगी, जरा–सा आगे बढ़ेगी।
बदलियाँ खेल दिखलाएँगी, जाने कहाँ धूप की उज्जवल किरणें फैल जाएँगी।
सावधानी से गुनगुनाहट भी सुनते जायेंगे, पावन ऊर्जा ऊर चढ़ती जाएगी।
यही सत्य की प्रगति है, उन्नति है, धीमी–धीमी पुरवाई चलेगी।
हल्का–हल्का प्रकाश उस पार ले जायेगा, जैसे कभी आकाश की
देखी हो बिजली गरजती।
मन खुशी से खिल उठेगा, जैसे ही अमृत रस की बूँद गिरेगी भीतर में,
दृष्टि में नई चमक भर जायेगी, सब घट रहा है।
अपनी चेतना समेटकर देखना भ्रम दूर करेगा।

अपना अनुभव होगा, तभी भव पार होगे। अन्धकार दूर होगा। पहले धुंधलापन दिखाई देगा। वह धुंधलापन भी नहीं टिकेगा, चला जाएगा। वहाँ तो सभी कुछ प्रकाशमान है। प्रभाव की बात नहीं है, सफलता की बात है। सबकी अपनी–अपनी चाल है। कछुए की गति धीमी भले ही हो। अपनी यात्रा वो भी पूरी कर जीत हासिल करता है। जो चलता है, वही मंजिल पर पहुँचता है। जो आज तक चला ही नहीं, उसकी कोई मंजिल नहीं। कल्पना से उद्देश्य पूरे नहीं होते हैं।

प्रभु ने हमारे भीतर रचनात्मक शक्ति भरी है। उसका उपयोग नेक काम करने में अवश्य उपयोग करना चाहिए। घर छोड़कर जाने की कोई आवश्यकता नहीं। अपने घर का उच्च वातावरण बनाकर एकाग्रता लानी चाहिए। सच्चे और असली धन की कमाई स्वयं ही करनी चाहिए। वह आलौकिक तेज पवित्र ज्योति दूर भी नहीं, पास भी नहीं। यही शाश्वत सत्य है।

केवल सोचने मात्र से ब्रह्माण्ड की प्राप्ति नहीं होती। अस्तित्व में प्रवेश नहीं पा सकते। कोई भी कारीगर जब तक वस्तु हाथ से बनाना शुरू नहीं करता, तब तक उसकी कलाकारी हाथों में छिपी रहती है। उसी तरह मन की उपज में ध्यान रूपी बीज नहीं बोयेंगे, तब तक सभी कुछ केवल कल्पनामात्र है। सत्य तो यत्न से सिद्ध होने वाला ज्ञान है। यह प्रसाद में नहीं दिया जा सकता। गुरु की दी प्रक्रिया काम करती है।

दिव्य परम ज्योति का मार्ग श्वास से होकर मन तक पहुँचता है, केवल विचार या पढ़ने से नहीं। हाँ, पढ़ने से थोड़ा परिवर्तन अवश्य हो सकता है, वह भी अच्छा है। परमात्मा से मिलने का भाव ज्ञान की ओर पहला कदम होगा, जो ज्ञान का भण्डार है। व्यक्त्यिों ने बाहरी कितना ही अम्बार एकत्र कर लिया हो। धन पाकर भी भीतरी तो सभी दरिद्र बने हुए हैं। यह सारा मामला तो भीतरी है। अन्तस् का कनेक्शन जुड़ते ही बिजली के प्रकाश के समान उजाला भर जाता है। परमात्मा की इस विशाल सम्पदा को सभी भूल बैठे हैं। प्रभु की इस सम्पदा का थोड़ा सा अंश मिल जाये वह भाग्यशाली है। बस अटूट संकल्प की आवश्यकता है। गुरु की प्रक्रिया जो भी हो श्रद्धा से जुट जाना चाहिए। वह पुण्य घड़ी जब भी आये, उसे कल पर मत टालना। कल तो रोज आयेगा परन्तु प्रभु के मिलन का कल शायद कभी न आये। कल का सूर्य देखने से पहले यह शरीर ही न छोड़ना पड़ जाए।

तलब उठेगी तन में होगा हंगामा, अंधेरों में उजाला होगा।
सुखी नदियाँ, सूखे नयन, बहता पानी नयन उजाला लबालब भरेंगे।
मेरे शहर तन का कचरा साफ होगा, दीया होश का जगमगाता मिलेगा।
फिर एक दीवाना गहरा बेहोश मस्ती के आलम में डूबा मिलेगा।
तब कहा मोक्ष, धर्म, अर्थ, काम की चाहना होगी।
फिर कहा प्रभु के उपकार से उऋण हो पाउँगी।

शिव सौंदर्यतम तत्व बैठी–बैठी निहारू,
आँखन में टीम–टीम नक्षत्र की झांकी निहारू।
शिव–सौंदर्य दर्शन कर हृदय की आँखे भरू।
सुन्दर संयोग सृष्टि की नवीनता और माधुर्य का
बादलों में छिपा झर–झर अमृत बहे, चित्त द्रवित होय।
प्रेम अनुभूति हृदय में शिवतत्व बहे, दिन–रात एक होय
शिवतत्व का सृजन (सर्जन) अमंगल को मंगल करे।
धर्म का संदेश यही अमंगल का नाश मंगल होय,
अमंगल को धकेल पाछे मंगल की दिव्य ज्योति जरे।

इसलिए बोलो, गा मेरे मन गा,
के हादसा हो जाए, अन्तर्घट खिल जाये।
के अमृत झरता जाय, मन बीच चैन समाय,
के माया दूर भगाए, सच्चा प्रेम मिल जाय।
पल–पल छीनता जाये, उसको सफल बनाये।
जन्मों की बिछड़ी आत्मा प्रेमी से मिल जाये,
पालनहार को खोज सृष्टि दिखती डांवाडोल।

ज़र्रे–ज़र्रे में छोड़ी खुदा ने अपनी निशानी,
हर श्वास से पूछा पता बता खुदा का,
श्वास से श्वास को जोड़ सारे फासले को मैंने मिटा दिया,
मुझसे मुझको मिला दिया।
धरती पर रह, ध्यान में बैठ, उड़ान के पंख खोल,
की आकाश की सैर, दिन में दिया जला।
जिस्म से रूह निकलने के आलम कई जाने,
खुदा की कायनात में रोशन चेहरा अपना हुआ,
मैं खुश हूँ मेरी वर्षों की साधना रंग लाई।
एक शाम मेरे साथ एक ऐसी घटना घट गई।
मैं बोल उठी – "वाह! वाह! रे प्रभु बरस उठा। हे प्रभु, यह सब क्या?"

हे प्रभु, मैं आपकी रहस्मय साधिका हूँ, ज्यों–ज्यों चित्त अनुरागी, मेरी गति न समझी कोई ने, ज्यों–ज्यों डूबी घोर अँधेरे त्यों–त्यों काया उज्लवल होई, जाने कौन गति में पुण्य किन्हीं मेरी आत्मा में परमात्मा ने शान्ति और प्रेम से भर दीन्ही, जो सम्पूर्ण जगत में सर्वज्ञ है, अन्तःकरण में ध्यान धर कमल को फूल मन भीतर खुल गिनी, ब्रह्मजाल की उलझन भ्रम और जगत से बाहर हो लीन्ही।

प्रिय मैं बार–बार, करती रही वन्दन,
मेरा बंधा हुआ था यौवन।
गुरु हथोड़ा बार–बार, किया हृदय प्रहार।
मैं बैठी समुन्द्र किनारे, लिए मन मौन का सामान,

व्याकुल खोजती अन्तर आत्मा, हे गोविन्द तुझे पुकारती।
काल चक्र का गहरा डर, मेरा मन हुआ विलीन,
अन्तस् काँप रहा, तन–मन मेरा घायल।
घोर अँधेरा लहर उठी, हृदय हुआ प्रज्जवलित।
छिपा हुआ प्रकाश, बोलता हुआ अंकुरित,
मन भीतर उतरा बसंत, गूंजती पतझड़,
मौत का श्रृंगार देखूँ, झरते आँसू कण–कण देखूँ।
झुलसे पाप तन में देखूँ, भृकुटी में होले–होले, बोला शंखनाद।
उदासी मन की मिट चली, सदियों का बुझा दिया, जगमगा उठा।
कण–कण इठलाता दिखा, मैं सहमी खड़ी किराने।
ये कौन हृदय घिरता झरता वैभव देखूँ, सफल हुआ जीवन घुलने लगी।
श्वास–श्वास हृदय रागिनी, मेरे कान कौन वेदना गूंजी,
आँखों में मची खलबली देखूँ।

प्रभु के बन्दों के जज़्बात समझना सरल नहीं,
उनसे दूर दौड़ जाना अति आसान है, कितने नादाँ हैं,
प्रभु के अजीज बन्दों की कही बस्तियाँ नहीं मिलती,
वे मौन मिलते हैं प्रभु की कृपा अधिक बरसती है।
गर्मी तपती धूप की हो दया धर्म का मूल समझते हैं,
प्राण उनके घट बीच अभिमान पाप मूल से दूर रहते हैं,
मूल पथ पर चलना घट बंधन खोलना काम उनका है।
रह रोशनी की सत्ता जगत से कर संघर्ष उन्हीं दीयों में उजाला भरते हैं।
आज भ्रम में घूम रहा इन्सान मुक्कदर अपना ढूँढ रहा अपने आपसे दूर है।
समुन्द्र टकराने से बचता है, अपनी मौत का पत्थर ढूँढ पानी में फेंकता है।
समुन्द्र उछलता है टकराने को पत्थर ढूँढता है, फिर समुन्द्र में समाता है।

मंजर

मैंने दुनियाँ से छिपाकर एक हकीकत खोली,
आँखों में ध्यान की प्रक्रिया लगा अंधेरों को जलाया।
अंधेरों में दर्द जला, गम जला, उदासी जली,

मुझ में छिड़ी जंग, आँखों की निकली जलन,
मुझे तलाश थी उजाले की।
अंधेरों में बैठना रास न आया, स्वयं प्रमाण बनी,
देव होने लगे मेहबान मुझमें, मिटने लगा अन्धकार।
जीवन में किसका वरदान कर गया भाग्य का निर्माण,
छिपा रहस्य का तार जोड़ गया, खोया था अस्तित्व,
बाहरी ढ़ांचा टूटने लगा, प्रभात का स्मरण हो आया।
खिल गये फूल, परिंदे उड़ते नजर आने लगे, गहरी नींद से जगी।
चाँद तारों से संवरा जहाज ये कौन से सफर में आ गई अकेली मुस्कुराती,
तेजस्वी रश्मि भीतर से गुजरती रही, काया का रूप बदलती रही।
मंजर खुद ही बोलने लगे, सारा जहाँ रंगीन मौज में रहना आ गया,
चुपचाप बहना जीवन का सलीका आ गया, तन हल्का बदलाव आ गया।

यह मेरी कोरी कविता न समझना,
मैं जानती हूँ मैंने अंधेरो को सींचा,
भीतर भरा श्वास का हुंकार दे दे दस्तक
एक अनजानी रास, रंग, गूंज उठा ब्रह्माण्ड
मेरे मन का बड़ा उत्सव कोई न जान पाया
इस तन भीतर अंधेरा फूटा, दुधिया किरणें निकली,
घनेरी रात में सूर्य निकला, आँखों में समाया।

मेरा तन–मन रंगा कौन ऋतु का करूँ बखान,
मेरा मन फूल बना, श्वास सोहम् ब्रह्मरन्ध्र चढ़ी।
मैं आकाश को छू सत्य का रहस्य दे जाऊँगी,
जिसे चाहिए मोक्ष उसे समाधि दे जाऊँगी।
परिचय बस अपना इतिहास में दे जाऊँगी।

मेरे नैना चढ़े आकाश में अपना नव वैभव कैसे दिखलाऊँ,
मेरी आँखें विलसती प्रेम ज्योति में हुई समरस (विराट चेतनता विलसती)
गूंज सुनी, शंख नाद और अद्भुत प्रकाश कैसे बतलाऊँ,
मेरी काया जगी, हुआ सफल प्रयास, संदेश जगत को कैसे पहुँचाऊँ।

ईश्वरीय वरदान माने कोई भूतल भी स्वर्ग मानिंद हो जाये,
मैं भरी अखण्ड़ ज्ञान के उपदेश, बनी मधुमास मेरा श्रृंगार किया सृष्टि,
प्रफुल्लित और आलौकिक मन से घुमड़–घुमड़, मैं भी उमड़ी मिट चली।
मैं स्वर्ग से होकर आई हूँ, दुनियाँ के लिए संदेश लाई हूँ मैं।
वहाँ जात–पात का वस्त्र नहीं, वहाँ मजहब का कोई तन्त्र नहीं,
वहाँ श्रृंगार का कोई अस्तित्व नहीं, धन–वैभव का मोल नहीं।
वहाँ शिक्षा, ओहदे, कला, बल, कौशल का रति भर भी काम नहीं।

प्रेम

प्रभु का उमड़ता प्रेम देख, होगा मेरा कब्रिस्तान निराला।
ब्रह्माण्ड सागर में डेरा मेरा होगा,
मन मेरे स्मृति दिव्य ऊर्जा की होगी।
मन भीतर आत्मसुख आविष्कार किया,
तन भीतर एक बिन्दु से स्वर्ग घनीभूत हुआ।
जिन्दगी की अधूरी कहानी में क्षण–क्षण प्रभु समाया,
मत पूछो मेरे बीते क्षणों की जर्र–जर्र कहानी न सुना पाउँगी बर्र–बर्र
आज पूछ लो मेरे प्रविष्ट शुद्ध व्यक्तित्व उपलबध गहरा राज दे जाऊँगी।
अपनी मलकियत की खोज देह को घाटी साँसों के पार,
आनन्द उत्सव में ले जाऊँगी।

मस्ती

बहुत बिताये दिन मस्ती में,
फिरते मारे–मारे बस्ती में।
भूले मस्ती में अपनी हस्ती,
जमाना पुराना बीत गया।
अल्हड़ प्रेम जवानी का,
बीत गया वक्त नादानी का।
जहाँ लड़कियाँ अधिक लहराया करती,
गीतों को गुनगुनाया करती।
घनी छाया में बैठ गीत गाया करती,
उनको कोई चिन्ता न सताया करती।

हवाएँ भी हँसाया करती,
गाँव से दूर तालाब था।
उनकी खुशियों का सैलाब था,
घने पेड़ों की छाया थी।
पैरों तले सूखे पत्तों का नवगीत,
उन्हें बहुत सुहाया करता।
उनके खुले बालों में जादुई बहाना था,
तुम्हें बुलाने का रूहानियत संदेशा था।
झूलते बालों को देख ख्याल दिल्लगी का आता होगा,
जवानी ने देह पर खड़े होकर हर श्वास में ख्याल आया होगा।

कुम्भ की ओर चली
चली अँधेरी रात में बिखरा मन लिए,
नींद लड़ती रही रात भर।
पलकें शिला सी हुई गहरी,
मैं गजगामिनी बन जाने कहाँ ठहरी थी।
कौन संजीवनी की तलाश,
देखिये मेरी सादगी का प्रहार।
धुआँ बन उठा दुनियाँ के दिल में,
सबकी मुझपे नजर थी, मुझको खबर न थी।
जाने कितने घाट का पानी पीया,
हमारी तो श्मशान घाट पर नजर थी।
सागर से निकली वेदना को कोई न देख सका।
मैंने बिखरे बालों को बाँधा,
पगली–सी अपनों के खिलाफ चली।
उम्र बढ़ती गई, जिन्दगी घटती गई, दर्द सहती गई।
चलते–फिरते साँसों का दरिया बनी थी,
अपनी ही गुम नाड़ियों में बहती गई।
एक बात खास थी, भीतर खुशनुमा मौसम की तलाश थी।
जख्म और दर्द जिन्दगी में भरती गई, क्या सोचती?
अपनी बात पर मुस्कुराना और आँखें भर आना।

ये मेरी जिन्दगी थी इसका खुलासा कैसे करूँ।
फरमाईश भी नहीं थी, कोई, जल्दबाजी न थी।
क्या भेद खोलुँ, खामोश सैर करती रही।
रात में भी, प्रभु का उजाला भरूँ, उसी में सिमट जाऊँ।
जरा–सा मुस्कुराई, अब भीतर की बजती हुई धुनों को कैसे लिखुँ?
मैं मदहोश खामोश, अभी ना छेड़ो साज, जाने आज चुप क्यूँ हूँ।
सब कुछ सह गई, हँसते–हँसते सब लिख गई।
पहाड़ से दुःख से खेल गई, खुद को सम्भाला।
देखते ही कलम लड़खड़ाई, किसे होश था।
लोगों की कहाँ परवाह थी,
बस रात की वीरानियों ने जकड़ा था।

गजब का चलन दुनियाँ का देखा।
मैं सुकून से सोती, परेशान उनको देखा।
अब शब्दों में ना लिखूँ तो मुझे नोचने लगते हैं।
मन में शब्द दर्द बन घुमने लगते हैं।
यही अदा मेरी खास थी, सब्र में नाचने लगती थी।

आज यूँ उठी
मुस्कुराहट की ठंड़ी आहट लिये,
भेद न खोलूँ खामोश रहूँ,
गर्म आँसू लिए स्वासों सहित खींच गई
तृप्त हो गई रंग–बिरंगे फूल खिल गये
आह कौन–सी रात, मैं पुकारूँ या–रब,
कैसे रात में उजाला भर जाते हो।
अब भीड़ में रहूँ या अकेले में रहूँ,
अनायास गंध की बरसात
चेहरे पर नूर घनेरा उभर आता है
यह दुनियाँ को मंजूर न था
महक उठी मुझमें मेरी साँसे

नहीं रुकेगी मेरी लेखनी
धड़कनों से कैसे निकालूँ
और लिख डालूँ।
अस्तितव का नजारा।

प्रभु यह तस्वीर पर जाला,
कौन साफ करता है?
अगरबत्ती खुशबूदार माला
ब्रह्माण्ड में कौन जगाता
दीदार करूँ मैं दिन–रात
पलकें उठती है
आँखें सब दिखलाती है
तेरा दीदार छिपा नजरों में
उसको सामने ले आती है
कौन रंगता मेरी रूह को,
बिन दर्शन सब फीका लगता।
फीका तन का बन्धेज दर्शन से खुलता।
बिन दर्शन अँधेरे डसते घनेरे हैं।
श्मशान में मुर्दे बैठे दिखते।
एक कहानी रोज खेलती मेरे आंचल में।
दूर मिली मंजिल अब काफिला कैसे बदलूँ,
सन्यास छोड़ूँ या राह बदलूँ,
पहचानता कोई न था।
बीच मंझधार में अब नाव बदलूँ,
ये मुझको मंजूर न था।
जीत के जिन्दगी देह रूह में कैद–सी क्यों है?
मेरे बस में नहीं प्रभु, कागज पर तुमको उतारूँ,
काया में अमृत फैला कैसे लिख पाऊँगी,
मेरे राम जिन्दगी जादू का खेल
मौत को जीत सोने–सी काया, मिट्टी में मिल जायेगी।
अन्धेरा उजाला बन झरने–सा बह चला,

दलीले दे के समझाना, मुझ जोगन से न होगा।
फकीरी मेरा श्रृंगार प्रभु दर्शन से रस भरूँ।

एक रात पूर्णिमा की चाँदनी में तारों के जमवाड़े से आकृति को उभरते देखती रह गई। कहाँ छिपा था प्रभु, तुझ तक मैं पहचान गई। उस घने तारों के सौन्दर्य की चाँदनी प्रभावशाली और तेजस्वी थी। वह पवित्र चाँदनी मेरे आस–पास घूमने लगी। मैं जितना समीप जा सकती थी, गई। अनोखी सुन्दरता रत्नों जड़ित सिंहासन तक पहुँच गई।

प्रभु की ऊँची–ऊँची चोटियों पर कन्दराओं का खिलना, अनोखी शोभा देखकर मुग्ध हो जाती थी। बड़े–बड़े लहराते वृक्षों लहराती बेलों की शोभा देखकर आनन्दित होती रही थी। अद्भुत नगरी में प्रवेश एक निराला भूखण्ड। असीम सुन्दरता में प्रवेश कौन नहीं करना चाहेगा।

हे प्रभु अन्त में क्या लिखूँ
मैं लिख देना चाहती हूँ, तेरी गजल बन,
खुबसूरत शायरी तेरे नाम,
मिला है मुझे अस्तित्व में।
महकती खुशबू का पैगाम,
नजर आता है तेरी खुबसूरती का,
सदाबहार उपवन घनघोर जंगल।
कैसे कह पाऊँगी जमीन पर
स्नेही मित्रों को शब्दों का कोश नहीं,
हे प्रभु! मेरी तकदीर में तुम उतर आये।
यह सब लिखना सम्भव नहीं लिखा जाए।
समुन्द्र–सा खारा जीवन मीठा हो चला,
अब काया मिट्टी होगी, मिट्टी भी बोल पड़ेगी।

जोगन रंगी प्रभु जोग

मैं तो केवल ब्रह्माण्ड पहुँची प्रभु की दूत बनी। ब्रह्म की सभा में उपस्थित होकर ही मधुर शब्द लिख सकती हूँ, बोल सकती हूँ। मेरे हृदय

में प्रसन्नता रूपी बेल उत्पन्न हुई। पूरे शरीर में अमृत रूपी बेल फैलती रही है। मेरे मन में प्रसन्नता के भाव उत्पन्न होते रहे।

यह महान गुण बैठे–बैठे किसी व्यक्ति में नहीं आ जाते। ब्रह्माण्ड के कण–कण में उपस्थित शक्तियों को जानकर प्रभु सौंदर्य को थोड़े शब्दों में भी कहा जा सके तो मैं अपने को धनी मानूँगी। अपनी विरह की अग्नि में उत्पन्न प्रभु प्रवेश की गाथा लिख पाई तो अपने को धन्य मानूँगी। प्राकृतिक सौन्दर्य में प्रभु की सुन्दरता को जानकर लिखना आसान नहीं है।

सुगन्धित फूल और भौंरों का गुंजन देवताओं के सुन्दर भवन। प्रभु की मुरली बज रही थी। बीन की बेशुमार धुनें प्रज्जवलित हो निकल रही है। मधुर मण्डली स्वर अनेक गा रही है। मेरे भीतर की पीड़ा में स्वर गूंजने लगे। मैं अपने सूने मन को लिये अद्वितीय नगरी प्यारे प्रियतम के महल प्रवेश पा गई। सुन्दर उपवन झाड़ियों में मन फँस गया। वर्षों बीत गये।

मैं जोगन बदली
मैं क्या थी, क्या हो गई, सफर विचारों का था
मैंने सोच को तराशा, ख्वाईशों का मसला
खामोशियों के संग हो ली, जिद्द थी एक को मनाने की
आँधी तूफान से सत्य को निकाल लाने की
आधी रात खड़े रोंगटे हृदय घबराया
आँखें खोल–खोल खुद प्रभु को देखूँ
भीतर से गुजरती गई चेतन चेला करे धमाल
नाचे, गावे धुन सुनावे, करे कमाल
चला आ रहा है घट में नूतन प्रकाश
पढ़ लेता काश गेरी खागोश आँखे कोई
सत्य है जहाँ शब्दों का है वहाँ अन्त
अब छीन सकता नहीं अमृत की कोई बूँद

मैं एक नार सृजन हार अन्तस् में निकला सृजन कोश
योग में सुरती श्वास सींची मन सफल सार्थक प्रयोग हुआ
गोद मिली जग के पालनहार की प्रिय माधक घट घूंघट खोला

रोती थी विरह में, सुनता ब्रह्माण्ड, भीतर बैठा धीरज दे जाता
तन भीतर स्वर्ण गुफा, खुला दर हटा अँधेरा, उजालों से आँख मिली।

नैनों में बसा ज्ञान
जिन्दगी के लम्हों को श्वासों में पिरो लो,
प्रभु वाली निगाह में घुलने दो नजर,
नैनों में नजर सुलगा, अन्तस् ज्योत उभर आएगी,
शक्ति की देहरी खोलेगी द्वार,
मोहर माया से न कभी, मुक्ति प्रभु उपस्थित है,
व्यस्त रहकर शक्ति की तोहीन न कर,
शक्ति से जुड़ने का प्रयास कर, मुक्ति का रास्ता तलाश कर,
फालतू सिसयाना बन्द कर,
वक्त का तकाजा मोक्ष का रास्ता है, इन्कार का नहीं,
ज्ञान में मजबूरी देख रहे हो,
जिन्दगी को मौत की ओर धकेल रहे हो,
आभासी दुनियाँ की बातों को देते हो अहमियत,
अरे आया है चला जाएगा, महिमा शक्ति की कौन गायेगा,
हृदय में प्रीती जगा,
सीधी–सादी जिन्दगी को सबसे न्यारी बना,
महिमा मंगलमय शक्ति की गा,
अपने को भाग्यहीन न समझ कमजोर न बना,
यकीन मान शक्ति मौत से भी रक्षा करती है,
अपनी ऊर्जा को भाग्यहीन न समझ, कमजोर न बना,
यकीन मान शक्ति मौत से भी रक्षा करती है।
अपनी ऊर्जा को बिखने से पहले,
श्वासों के जरिये हृदय में सम्भालने की कोशिश कर,
मैंने दिव्य ज्ञान वर्षों सीने में दबाए रखा,
आज कागज पर उतारा है रहस्य का पता,
मैं जोगन किसे सुनाऊँ, हृदय की घटाओं को घुमड़ने से न रोक पाई,
खुल गया ज्ञान का सावन।

गजब हालत मचाई भीतर नयनों के जरिये ह्रदय से,
अज्ञान के परिंदे उड़ने लगे।
अब मस्तिष्क में बजते हैं जलतरंग, बादलों से बरसा मोतीयन–सा जल,
आलम है बहती गंगा का।
अंखियन से हीरे लाल निहारूँ, मुँह में मौन रस उतारूँ।
इतिहास गवाह रहा ब्रहम ज्ञानियों का अस्तित्व सदैव रहा है
सबसे कीमती ब्रह्मम ज्ञान को प्रणाम करूँ।

सादगी

सत्य सादगी से उभर आता है,
जुबान खामोश समझ परे होती है।
सत्य का सैलाब भीतर में उतर आता,
ऊपरवाला क्या रंग दिखा जाए।
अदालत उसकी महान होती है,
शीशे जैसा साफ बना भेजा है।
कर्मों से जो लिखा जाये,
निर्णय ऊपरवाले के हाथ होता है।
रिहाई आत्मा की होती,
जन्मों की कैद मुक्ति को तड़पती है।
हाड़–माँस के पिंजरे में रिहाई को तरसती है,
मशरूफ हो यकीनन मौत तो जरूर आएगी।
कभी अपनाख्याल करना, वरना
आत्मा अलविदा कर जाएगी।
श्वास भी अपना नियम भूल जाएगी।

माँ का आँचल तो भरा ही रहेगा मेरी आँखों को विराट देखने के सिवा कुछ नहीं भाया, आदत–सी हो गई है। मेरे पास विविध विधियों का ढेर लग गया है। बारीक छवि की विविधताओं को कैसे लिखूँ। बारीक वस्तुओं को देखने के लिए चश्मा ढूँढते हो। मूल आत्मा शाश्वत है। हट किया तो

दूर हट जाओगे, आनन्द का अनुभव कभी न पाओगे। अपने को उपजते देखना है तो मूल को पकड़ना होगा।

उपलब्धि

बेचैन हृदय की कर सम्भाल,
बुढ़ापे ने दी दस्तक, सुकुं की कर तलाश।
रात निकल जाती है, उमर बहा ले जाती है,
यूँ चलते–चलते जिस्म में कहाँ पहुँच जाएगा,
ठहर जा जहाँ है, वहीं जिस्म में रूक देख नजारा भीतर का,
जिन्दगी का मुसाफिर है,
अपनी राह की तलाश कर, किसका इन्तजार,
नूर भी चाहता है, गुरूर भी नहीं छोड़ता,
उतना ही दूर होता जाता है।
ऋचायें चाहती हैं, जागरूक हो अपनी मानसिकता का हनन मत कर।
देख काल लिए बैठा जमात, ऐसी खबर सबको दिखाई देती नहीं।
कश्ती तूफान की ओर अपने आप बहे जा रही,
सरक रहा है समझ नहीं आ रही।
क्रिया एक ही है उभरने का ख्याल कर,
सत्य की अनुभूति कर ब्रह्म का सत्य देख।

भीतर अगाध भरा ज्ञान

अपने आप में अभी भी गुम हूँ। भेद है –
अनमोल कैसे खोल दूँ।
सारा ज्ञान कमाल भीतर भेद भरे,
वेद पुराण कैसे निकाल रख दूँ।
जिन परिंदों ने कभी उड़ान नहीं भरी,
वो क्या जाने प्रतिभा आसमान की।
सर्वोच्च ज्ञान की सत्ता उच्च शिखर पर तारों की चादर ओढ़े,
दो शब्दों में कैसे खोल दूँ।
गलतियों को मिटाना आसान नहीं, सभी का तन बुझा हुआ दीपक,

रोशनी का इन्तजार है।
सभी का तन खाली मकान कश्ती तैयार है, बड़े नादान हैं,
अभी भी परखते खुदा को हैं।
खबर समुन्द्र की है, रिक्त है,
ज्ञान ब्रह्म सर्वव्यापी तत्व का मुख्य बिन्दु गुम है सबका।
इतिहासकारों ने अभी भी उज्जवल इतिहास की बात को दिल की गहराई से न जाना।
जगत भरा उजियारा जागो और जगाओ सबके भीतर,
ध्यान में मन की चोट कर प्रकाश को फैला दे।

मन की दिव्यता

यह बात मैं कह सकती हूँ,
मन की सारी भ्रान्ति दूर होने के बाद।
मन श्रद्धा प्रेम समर्पण से भर गया,
मेरी खोज पहचान बनी अकारण ही हो गया।
अध्यात्म सुन्दर वट वृक्ष धर्म का सौदर्यतम लिए है,
करोड़ों दिव्य पदार्थ लिए अन्तस् समाया ओझल है।
सौंदर्य का कौन–सा विशिष्ट रूप लिखूँ, मानव का
ब्रह्माण्ड उल्लास भरा कण–कण तरंगित है।
अभी तक मैं पत्थर की तरह मौन बनी थी,
मुझे कहने के लिए प्रभु आदेश हुआ।
लिखने का साहस जुटा पाई शब्दों का सहारा लिया।
सौंदर्य की चर्चा मेरे आत्म केंद्रित दृष्टि का दिव्य प्रसाद है।
यह द्रव्य से भरा है प्रकाश से भरा है कैसे कहूँ
लगता है धरा–धरा कुछ भरा भरा साथ साथ प्रवाह की लय
प्रकाशित होता है, पर्दा हटाता है, तटस्थ दृष्टिकोण होना चाहिए।

मैं चाहती हूँ धरती पर प्रत्येक जीव में तत्व बीज बोया जाए,
श्रद्धा समर्पण की खाद डाली जाए, मैं जानती हूँ सभी जीव अँधेरे में पड़े हैं।
श्रद्धा समर्पण के साथ जो विधियाँ पढ़ेगा, करेगा,

जीवन में सत्य है, फेरबदल अवश्य होगा मानव में।
यह प्राचीन सत्य अपने भीतर राग रंग की गूंज चाँद सितारों का कोतुहल देखेगा।
मेरे खेमे के अतिथि बन जाओ संसार से परे इतिहास में सत्य का पता दे जाऊँगी।
ब्रह्माण्ड में देख अपनी आँखों से इत–उत भागता उत्सव का नाजारा।
प्राणों की गंध तृपत करे, नथुने महक उठे, आँखें हो जाए मदमस्त देख रंगीनी
तू बोल उठे वाह! वाह रे मेरे प्राण प्रिय, अँधेरा चित्त जागाा सर्वहारे का जन्म हुआ।

सजदे में जो झुकी तो झुकती चली, रास्ते में खुद ही खुदा से मिली
राहों से अनजान थी अभी, अन्धेरा था और भोर की बात थी
सम्भव हुआ ज्ञान का राज खुला सृजनता से अवगत हुई
ये कौन मिला सोच से बाहर हुई स्वयं की सीमाओं के पार हुई
उस पार झाँकते हुए सत्य चिराग बुझने से पहले बस्ती रंगीन हुई
ख्याल था जिन्दगी का मौत से पहले पहचान हुई मन झरने लगा
मन भीतर जोड़ लिया, अज्ञान से निकली शुद्ध ज्ञान बोलने लगा
ज्ञान विवेक यात्रा चली मुक्ति के धाम पहुँची मृत्यु के पार हुई
सत्य को पहचान चली जीवन दर्शन बनकर आन्तरिक सत्य उतरा

योगिनी भई मतवाली

दीवार की टेक लगी वृक्षों पर कौमुदी लहराती देख
भीनी–भीनी सी मुस्कान अधरों पर फैली।
वर्षों से तपते–तपते मुरझाई कली खिली
तपते–तपते तपस्विनी योगिनी हो गई
आज सोचती हूँ कैसा जीवन रहा मेरा
न कोई अभिलाषा मन में उत्पन्न हुई
या उठी अभिलाषा को कुचला अपनों ने
जीवन में दुखों की ऐसी बाढ़ आई
आशायें अभिलाषाएँ सब हवा हुई

मैं भगवा वस्त्र पहन योगिनी हुई
संसारिक सारे बंधन से मुक्ति पा गई
मोह इच्छा की कड़ी टूटी, भ्रम के पार हुई
मतवाली योगिनी प्रेम मद में बावली हुई
तन में फूटी अष्टगंध सुगंध फूलों की भाँति
इधर–उधर भ्रमण करती हिरनी भाँति
नेत्रन अश्रु टपके देख मूर्ति भीतर किसकी उतरी
प्रभु प्रेम रस में डूबी शब्दों की वीणा कानो बाजी
मुखमंडल बसी आनन्द मूर्ति आनन्द में परिपूर्ण भीजी
ध्वनि सुन निकल पड़ी होई आनन्द विभोर

तपस्विनी

नेत्रों में अश्रु लिए अकेले ही चल दिए
सन्यास का दिन था, सारा शहर खड़ा था
नजर मुझ पर गड़ाए था, कोई खफा था
किसी की दुआएँ दे मुझे मुस्कुरा रही थी
कैसी विडम्बना खुद पर ही विश्वास नहीं था
श्री हरि का साथ था, मन बुद्धि ऊर्जावान थी
संसार सागर को तज नारायण को पकड़ चली
संघ विसर्जन के विरुद्ध न एक शब्द मन में था
भीतर की अमूल्य ज्ञान वस्तु और निखर चली थी
ज्ञान का बीज अंकुरित आकाशवाणी–सी हो गई थी
अपार प्रेम ले सन्यास जगत में प्रवेश कर गई तपस्विनी

शब्दों में वक्त के अहसास को लिखना मुश्किल है।
कैसे लिखूँ संवरने लगी थी सांवरियाँ तिरे प्रेम में साँवरी दीवानी
मन मन्दिर में प्रेम का बड़ा महात्म्य देखा खाली न कोई लौटेगा
मैं खुद को छोड़ बीते जमाने में अँधेरों से रोशनी में निकल आई थी
प्रभु प्रेम का रिश्ता कितना अजीब था मन की सीमा तोड़ने पर मजबूर था
छलकाया साँवरियाँ ने खुशियाँ का जाम कोई विरला चखे दिल

खोलकर
मैं साँवरी भूल गई दुनियाँ के दिए तमाम दर्द मुक्त होने का सही मार्ग मिला
समाई सृष्टि में साँवरियाँ बसा जान जाएगा भेद ब्रह्माण्ड का खुल जाएगा
साँवरियाँ ने बंसी की धुन पर अलंकृत कर कण–कण पे दुनियाँ चलाई
शिखर पर चढ़ मिथ्या भोग विलास का होगा विकर्षण
स्वयं मार्ग से मन में होगा दर्शन जो है दुनियाँ से ओझल

प्रभु पाने की तड़प पैदा करो....
ऐ काश हमें भी कोई हमसफर मिल जाए
अपने अन्तस ही कान्हा का पता मिल जाये
भीतर बजे बीन साँप और सँपेरा काँप जाए
मेरी रूह में जन्म कन्हैया का हो जाये
इन्तजार अब रूह से होता नहीं कन्हैया
ये तड़प ये आँसू कब तलक, देखे नहीं जाते
मैं जोगन मतवाली सलीका न आया जीने का
दुनियाँ से दूरियाँ बढ़ती गई खुद में उतरती गई
अब आओ कन्हैया सवारों मेरी जिन्दगी की परिभाषा
आत्मा अस्तित्व और रिद रप कुछ चुनिन्दा लाईन
आत्मा की मस्ती ने जिस्म में मचाई थी हलचल
नशा चढ़ता गया, मैं नाचती गई नाद सुनती गई
अमीरस अंजलि से भर–भर पीती गई नशा बढ़ता गया
अस्तित्व की चढ़ाई चढ़ती गई दिन–रात पीती चली गई
होश में न आयेंगे तुम भी आओ अस्तित्व के महखाने में
आओ वही बात होगी जश्न अस्तित्व में होगा गुप्तज्ञान का
अस्तित्व में मुलाकात होगी अमरस की बात होगी
जिसे देखनी है जन्नत वो सीधा चला आये
ऐसा नजारा न देखा, पीते जाओ फिर भी भरा ही रहे

फैली है अस्तित्व में मुस्कुराहट अपनी–अपनी शिकन सब छोड़
मेरी तड़प खींच लाई है, अस्तित्व की ओर मैं सब छोड़ आई
नजर से नजर मिली प्रभु से, प्रभु मेरे आँसुओं पे तरस खा गया
किसे दिखाये अपनी अमीरस भरी आँखें, वो मुझे जोगन बना गया

विश्वास और योग्यता के आधार पर
प्रभु का साक्षात्कार प्राप्त कर सकता है।
प्रभु का दिया बहुमूल्य मानव तन वरदान व्यर्थ न गवाएँ।
सत्य, शिव, सुन्दरता के दर्शन सभी कर सकते हैं।
चलो यह तो मेरी सूक्ष्म तरंगे बीज रूप में मौजूद खुली।
सभी में सोई शक्ति अपनी अध्यात्म की बात समाप्त करती हूँ।

हे प्रभु!

आज सुनो मोरे पिया ये कैसा संदेश दे जात हो
ओह! आज देह में उभरी कितनी गहरी प्यास
लयबद्ध हूँ तुम्हारे साथ फिर रूक–रूक कर चलती श्वास
अपनी परछाई का हुआ सुगन्धित हल्का–सा स्पर्श
फिर क्यूँ दिखता बिखरा–बिखरा चित्त गुनगुना सा मौसम
समीर टकराये छेड़ जाए मुझे सुनाये मधुर मृदंग
आज भरे हैं नयन मेरे तन का कोना–कोना सींचता जाये
मैं लड़खड़ाऊँ अत्यन्त तीव्र वेग शान्त भाव से बहती जाऊँ।

खिलखिलाती हँसी मोसे कैसे कहें अपनी पीड़ा
सूखा जीवन! थी अनजान होगा ऐसा वियोग
मुख बरसे मेघ! प्रेग रो सुनी! न माँ की पुकार
मधु ऊषा के आँचल में ली करवट मुख कमल समान
तन की शोभा क्या लिखूँ आलोक मधुर थी उसकी महान

फिर एक अजनबी ने यौवन की दहलीज पर कदम रख
किसी की राह मोड़ दी सुलगता हुआ छोड़ जिन्दगी धुआँ की

यौवन के सुनहरे बुने सपने तोड़ किस मोड़ ला धरती पर पटका
खुशी दे न सका दर्द देकर प्रेम का खंजर घोप टुकड़े–टुकड़े किया
क्या लिखूँ किसी के दिल की हकीकत मन बेहोश था मेरा
आँख से पानी बहने को तैयार हाथ सुन्न थे कलम खामोश हो गई
किस दिल की बस्ती में सन्नाटा छाया बगिया का फूल दफनाया गया
किसी की वासना का शिकार कहूँ या अपनी जिम्मेवारी से डर गया कोई

वृक्ष तले

वृक्ष के फूलों से उतरी कन्या
खुली नहीं आँख अभी
चलाए नहीं हाथ–पैर भी
पड़ी नहीं किरने सूर्य–चाँद की
सभी बंधन तोड़ छोड़ दिया
मानव रे! मैं क्या कहूँ तुझे?
कहाँ छिप बैठा तांडव करके
वासना का श्रृंगार छोड़ जंगल
हृदय प्रेम जरा न मैथुन हुआ
अन्तरवृत्तियाँ भारी कैसे मारी
विरह वेदना पश्चाताप नहीं
क्यों नहीं बरसे आँसू पीड़ा के

पैगाम

छलकती आँखों में पैगाम भरा
जिस्म में बेचैनी साँसों में धड़कने
परिंदों–सी मचलती तकलीफ मन उबलने लगा
दिन चढ़ा महकती रोशनी में सूर्य का नूर झरा
परिंदों ने भरी उड़ान खुले आसमान में मची चहचाहट
छलकती आँख चमकती नजर आई कहाँ मगरूर थी प्रभु
बाहर बरसात जमीन कुछ गीली–गीली सरसों जैसी सुनहरी किरणें
सूर्य से निकली।

दर्द

खिलखिलाती हवा बरसती फूलों पर
सुनती हूँ टहनियों की प्रतिध्वनियाँ
उदास मन ढूंढ लेता है जीवन के राग
देखती हूँ फूल खिलते हैं हर मौसम में
फिर मैं क्यूँ शाम ढलती दिए–सी जलती हूँ
चाहती हूँ मृग–सी भागना, मयूर–सी नाचना
क्यूँ अपने ही भीतर दर्द–सी बिजली गरजती है।
सूरज सी दहकती आग भड़कती है
क्यूँ नहीं चाँद–सी शीतल चमकती
बड़ी बेदर्द है ये गम की शाम खिलवाड़ करती है
गुजरी है लम्बी गम की शाम दिल नाउम्मीद नहीं
गजब की पहेलियाँ लिखी हैं किस्मत में
सफर भी लम्बा लिखा है मंजिलों का कोई अता–पता नहीं
अब किसके सामने खोलूँ दर्दों का किस्सा
दर्द की बारिशों में भीगते रहे दिन–रात
सुखों को तलाशते–तलाशते गुजारी है जिन्दगी
हाथों में पड़ी लकीरों के फरेब को पहचाना है मुक्कदर ने
कोई बिखर जाता है अवारा बंजारों की तरह
कोई संवर जाता है किसी शहंशाह की तरह

वाह! वाह! रे कृपा निधान मूल जगत में छोड़ा
भर स्वांग जगत के लोग आपस में करे खींचातानी
जाने कितने अंधेरों से गुजरकर गुजारा है जीवन
इस तन में न जाने कितनी उदासियाँ समाई हैं
मैं हूँ सब हैं फिर किसकी याद में दमकती हूँ
इस तन की स्वामिनी बनकर कैसे लिखूँ परिभाषा

हे अनोखी बस्ती रब के आशिकों की
सीधे सादे शब्द मेरे सहने की शक्ति है

छोड़ मोह सुरा का पान तन का छोटा–सा यान
खोल के देख अपने को सादगी की करामात
भरा आत्मा में भण्डार है अमृत का पान
चलना है सत्य के पथ पर किसी शपथ की जरूरत नहीं
चलना है मजबूत इरादे के साथ पथ पर किसी रथ की जरूरत नहीं
कोई प्रेम दे या न दे किसी के दिल में जगह न खोजना
पेड़ भी सूखे पत्ते गिरा अपनी शक्ल बदलते रहते हैं, नये पत्ते आते हैं
जिन्दगी की किताब के पन्ने भले ही पलट जाए दर्द से भर जाए
नई खोज कर आगे बढ़ जाए नादान दिल की गिरफ्त में न आना
आँखों में पानी पैरों में छाले दिखते हैं दिल के घाव न दिखाना कभी
कैसे सर्द हाथों से छू लूँ तुझे (बेटी) मेरी शरारत न कभी याद आएगी
पेड़ की घनी छाया फूल और काँटों के बीच फिजाओं से निकाल लाई तुझे
हवा में उड़ी फिजाओं में खुशबू–सी घुली बता कैसे न दर्द समझूँ मेंतेरा

पारग्या (बेटी)

सर्द हवाओं में पेड़ के नीचे पाया पारग्या को
वर्षों बाद घटना याद आते ही ख्याल आया
किस बेहरम ने छोड़ा कोमल कली पर रहम न आया
मैं बीती बातों की बरसती हुई घटनाओं में खो गई
खुद खो गई दिल खेल रहा था पारग्या की याद में
दिल से पारग्या टकरा गई अब आहट सुनी धड़कनों की
सर्द हवा में मिली पारग्या वो मखमली अहसास आज भी ताजा है।
पारग्या भले ही बेखबर हो पर मेरी श्वास के साथ चलती उसकी याद है।
मेरी रूह की प्यास बन दिल में महकती रहेगी एक खुबसूरत ख्वाब बनकर।
सर्द हवाएँ जब भी टकराएगी मुझसे तुम्हारी याद की गर्माहट दे जायेगी।
मैं बेबस लाचार पूरी सर्दी सह जाऊँगी मेरी जुबां से उफ़ तक न निकलेगी।

कहानी

कैसी छिड़ी दास्ताँ आँगन में थी
मैं आँखों में नमी लिए अँधेरी रात में सुनती रही

यादों की हवा जब भी आती है रूला जाती है
कितना हँसना चाहूँ, नींद में भी जवाब ढूँढती हूँ
किसी की जिन्दगी का सवाल अँगड़ाई लिए उठता है
जगा जाता है जाने कौन–सी मुकम्मल कहानी नीद मे चलती है
नींद में भी मचल रही थी एक कहानी मुकम्मल होने को
सुनी जिन्दगी के तार तोड़ गई एक कहानी थी
छलक आये आँसू मेरी कहानी बड़ी दर्दनाक थी
सीने में दफन कर तमाम उम्र के सो सपने
जाने कौन–से सदेश दे अनजाने देश चली गई
सिर झुका सुनती रही दास्ताँ, उसकी जिन्दगी की
पूरा ना किया जीवन अधूरा ही ले दुनियाँ से चली गई
काश की कोई सम्भाल पाता दर्द एकनार का
किस कदर लिख गई जिन्दगी का आखरी पन्ना
गुफ्तगु न की किसी से हवस का शिकार हुई
भीतरी मंजर मे डूब खजर चलाया मौत का शिकार हुई
आँखो में नमी लिए जमीन पर गिरी मौत का खंजर ले
कौन सुनता कहानी जबानी लिख गई दर्द अपना कलम से

समेट कर दर्द अगर जी जाती, मुँह तोड़ जवाब देती
रूह उसकी भी काँप जाती, अधूरे किस्से को पूरा कर जाती
किसी के भी दर्द का पर्दा मत खोला, जालिम आँसु रूला जाते हैं।
अगर दिल में जरा भी रहम हो, शरीर की जड़ों तक को हिला जाते हैं।

भीतर नेत्रों में देखकर प्रभु का रूप अनेक एक हो गये।
बाहरी रूप कहीं खो गये, राम–कृष्ण सब मिल गये।
मेरे घर में नहीं वो तो मन–मन्दिर में मिल गये।
अब क्या करना पूजा–पाठ कर्मकाण्ड सब यहीं रह गये।
सजल नेत्र भीतर ही भीतर खुलने लगे, दृश्य सब दिखने लग गये।
स्मृतियाँ दबी ह्रदय में सुलगती खुलने लगी, स्वप्न–सी दिखने लगी।
प्रभु स्नेह का प्रसाद भीतर झरने लगा, रमणीक पहाड़ी–सा ह्रदय
लगने लगा।

ये कौन–सा अहसास श्रद्धा विश्वास के साथ विद्यमान है मुझमें।
आनन्द रूपी रस झलकने लगा है, कौन–सा भाव उमड़ने लगा है।

बेटा

सच में ये गम की सरगम सहे जाती हूँ
आज सोचती हूँ तेरा मुँह देखने के बाद
मेरी यादाश्त चली जाती ये भी कुदरती है क्या?
तेरी याद के सहारे तू ख्यालों में अक्सर चला आता है।
फिर गम का दरिया इस दिल में बहाये जाता है
खुश हूँ फिर भी काँटों जैसी यादों के सहारे जी लूँगी
एक नये रिश्ते ने पुराना रिश्ता तोड़ दिया
तेरी निगाहों में चढ़ गया कोई, मेरी निगाहों से उतर गया।
कौन कहता है? तू वैसा ही है शक्ल के साथ सीरत भी बदली है।
जाते–जाते कुछ अनकही बातें सुनते जाता, बहुत भारी गम दिए गया।
जाते–जाते भी भारी किये गया, अब कोई गम नहीं चाहिए
सारा झगड़ा समाप्त चाहिए।

पुकारे

पुकारे परमपिता परमेश्वर को।
प्रार्थना में प्रेम शामिल कर मग्न हो करे।
हे प्रभु! मुझे रास्ता दिखा, मेरी मदद करो, शक्ति दो।
बार–बार करो पुकार, अन्तरात्मा की करो रूखाल।
हृदय की धड़कनों में छिड़ने दो प्रेम की बाँसुरी।
झरने दो निबिड़ अन्धकार को धुनों की तरंगों के साथ।
प्रार्थना के शब्दों की बार–बार गर्जना भीतर चलती रहे।
भीतरी हिलते शब्दों की खिलखिलाहट गूंज उठे हुंकार प्रभु की।
भीतर छिड़ी बाँसुरी की स्पष्ट ध्वनि सुनो फिर होजा प्रभु में लीन।

तन्हाई

मेरा तन तन्हाई में हृदय की गहराई में काँप जाता
ऐ काश मुझे भी कोई हमसफर मिल जाता

मुझे समेट लेता अपनी बाँहों में कहीं बिखर न जाऊँ
कहीं ऐसा न हो खुद ही बिखर किसी गजल को नाम दे जाऊँ
मुझे समझा नहीं जमाने ने किस उम्मीद से झाँकू दहलीज दूसरे की
मुझे दिखती नहीं कहीं प्रेम की बौछार, दिल का मंजर सुनसान रह गया।
आया न दिल की गली में कोई बिना आहट के ख्वाब–सा बन रह गया।
बिखरने लगे हैं आँखों के आँसू बिन उम्मीद को तोड़ने लगे चुप्पी।
मेरे अहसास वजन में भरते गये तन्हाई में लिखते चले गये।
रास तन्हाई इस कदर आ गई अब तो अपना साया भी भारी लगने लगा।
खामोश साया भी जिन्दगी का पैगाम–सा बन गया यारों अब तो तन्हाई भी बजने लगी है।
आधी रात के अँधेरो में आहट दे तन्हाई भी महक जाती है गजल–सी गुनगुनाने लगती है।

ज्ञान क्या है?

ज्ञान अस्तित्व के माधुर्य से झलकता हुआ अमृत का प्याला है।
प्रभु प्रेम में दो ही बाते हैं एक तो प्रभु को जान लिया, दूसरा नहीं जान पाया।
हृदय प्रेम से भर लो शीश प्रभु चरण में और नहीं कुछ जीवन में।
विरह असहाय मार गिराओ अपनी मैं को छोड़ स्नेह धाम पहुँच जाओ।
उठो, जागो गुरुकृपा से हो जाने दो इस तन में एक महाविस्फोट
प्रभु तो घट–घट बैठा रुखाल करता है बिन जाने बादलों की ओट में
अपने ही भीतर का प्रवेश बिन गुरु के खुले न पर्दा दर–दर भटकता
क्या कहूँ मैं सारे भ्रम टूट कर बिखर गये जबसे, द्वार घट के खुल गये।
मुझे तो घट में ही काशी काबा मिल गये, जिस्म की अठखेलियों में कमल से खिल गये।

अकेली

कौन कहता है, मैं अकेली हूँ?
मेरी परछाई, मेरी तन्हाई में साथ देती है।
बड़ा कमाल करती है संग में अंगड़ाई लेती है।
कितना समझाया भीड़ में भी साथ देती है।

कौन कहता है मैं अकेली हूँ?
क्या समझाऊँ बात तन्हाई की मुझे अपने ऊपर सुलाती है।
तन्हाई का असर अहसास भी साथ खींच लाती है।
कैसे कहूँ अब तो डर लगता है मौत जब आएगी परछाई साथ जायेगी।
कोई आवाज नहीं, आहट नहीं, तन्हाई में परछाई मजे लेती है।
कौन कहता है, मैं अकेली हूँ?
जिन्दगी भर भागती रही, अब तो कदम भरने दो संसार में
झील–सी गहरी खामोशी में बिताई है जिन्दगी
समुन्द्र–सी गहरी दिल की खामोशी से निकाल कर लाई हूँ शब्द,
कौन कहता है, मैं अकेली हूँ?

बुढ़ापा

आज लगता है, मैं बुढ़ी होने लगी हूँ
मेरे अपने जो दिल के बहुत करीब थे
वो भी अब तो साथ छोड़कर जाने लगे हैं
लगता है मेरे बुढ़ापे से डर गए होंगे
बुढ़ापा भी बड़ा बेदर्द बेजुबान निकला
बर्बाद करने को चुपचाप आ निकला
अब तन्हा हो गई हूँ शायद बुढ़ी हो गई हूँ
नजर भर के किसको देखें अपने छोड़ गये हैं
बुढ़ापे ने छीन ली सारी दिलचस्पियाँ
तन्हाई में बबूल का जंगल भी अपना–सा तो लगता है
किसी हाल में चले जाओ अपने होने का अहसास जताता है
आती–जाती हवा के साथ दुआ सलाम कह जाता है
न देखो उसकी ओर, दुपट्टा जोर का जकड़ लेता है
फिर छुटाए नहीं छुटता दुपट्टा तार–तार कर देता है
कैसे कहें उस बेजुबान जंगल की बातें बस बोलता ही नहीं
बिन कहे सारी धूल जमीन से उठो अपने रंग में रंग देता है

जीवन–परिचय

मेरी जोगन भरी मस्ती, मुझे कहाँ खींच लाई
जा रही हूँ किधर कोई अटकल नजर नहीं आ रही
है मधुर कोलाहल ही कोलाहल मधुर गंध में बहता जल
जहाँ जोगन जोग भूली मस्ती का छलकता जाम रह गया
हृदय कुंड में अमृत का पैगाम झरने लगा
मैं मिटने लगी सागर में मिलने लगी
उतरने लगी लहरों की धुनें अब होश की चाह नहीं
जिन्दा भी फकीरी में जोगन जाने कैसे रहने लगी
मेरा जीवन जोगन भरा अन्दाज निराला निकला

आनन्द

मेरा मन प्रेम और माधुर्य लिए कृष्ण संग जुड़ा था
जहाँ नौ लखा हार और कुन्दन का रंग भी फीका लगा।
मेरे नैनन में खरी ज्योति, कृष्ण की समाई थी
अलसाई आँखों से खड़ी–खड़ी निहारूँ कृष्ण–रस में डूबी
देख–देख छवि भीतर मधुर मनोहर आनन्द भरूँ
आनन्द उल्लास भरी दशा का चित्रण कैसे करूँ

हे कृष्णा........

ना मैं लेखिका, ना मैं कथावाचक
मैं तो माटी की गुड़िया दीवानी तेरी
खूब निकाली कमियाँ दुनियाँ ने मेरी
तुम आये सपने में मुलाकात हुई आईने–सी
इतनी चुप्पी में भी न सह पाई कृष्ण
पत्थर बन भी मुस्कुराते रहे
जमाना मुझ बैरन में कमी देखता रहा
मैं अपनी कमी दूर करती रही
पत्थर–सी हो गई थी, जज़्बात से खाली थी।

गजब का खेल रचा प्रभु ने
इसमें ही जीने का खास मजा है
मिलना–मिलाना यह तो लिखा नहीं
तकदीर ने हाथों की लकीरों में
हमें तो बैठे–बैठे ही गम दिया लोगों ने
कौन कहता है जहर का असर कड़वा होता है।
तेरे मिलने के बाद ऐ कृष्ण वो भी मीठा लगता है
अपनी मिठास लिए कैसे उतर आये तुम
इस बियाबान जंगल से दिल में
कैसे ब्यान करूँ अपनी हालत
तुम्हें देख–देख मीठी मुस्कान लिए
धीरे–धीरे रोज मरती हूँ, उसी में जीती हूँ

गुरु.......

सतगुर का मयखाना है, जरा आईना अपना साफ कीजिये
करवट है जिन्दगी जरा करवट की पहचान कीजिये
अपनी ही परछाई मौत अपनी सौत को जानिये
सफर महखाने का है आओ मिलकर ढूँढ लो वजह जीने की
कर ले तैयारी बैठ कश्ती सतगुरू की कोई मलाल न होगा
चाहे हवाओं का तेज शोर हो, चल दे रोक ना पाए कोई जोर
मिटा दे सतगुरु के प्रेम में घूँट–घूँट पी मस्ती में चलता चल
कहने को बहुत खलल है मस्ती ने तोड़े सारे भ्रम हैं।
छोड़ मन के सारे भ्रम घायलों की दौड़ है
चल दे गुरु के काफिले की ओर एक अकेला शून्य है
ऊँचाई लिए खड़ा जानता है गहराई आकाश और पाताल की
कैसी अनदेखी खुशबू भरता है एक ख्याल भी आईना साफ करता है
कोई चिराग नहीं दिखता हाथ मगर उजाला लिए खड़ा है
जाने कौन–सी गजल गरज जाए तन की शाखाओं पर
एक फूल न खिलने वाला है गुरु के बगैर भी चले दे दिव्य रास्तों की ओर

अद्‌भुत नजारा.........

प्रभु भरपूर विशालता लिये खड़ा पाया समुन्द्र की तन्हाईयों में
लिख डालूँ जो हृदय से जाना फिर जिन्दगी में मलाल न होगा
मैं मुसाफिर थी प्रभु राह की सफर में ही चिरागों से मुलाकात हुई
जिन्दगी जीने की उम्मीद छोड़ चुकी थी, फिर रोज नये सवेरे होने लगे
उजाला बन महकने लगे, मेरा हृदय कोष मंगल वैभव से भरने लगा
निर्मल चेतन चित्त में उत्साह बढ़ने लगा, पल–पल शुभ संचार होने लगा
प्रभु अपनी भावनाओं की परछाई को किस तरह बरसाता है
सृष्टि की साखों में किस तरह बनाता है, बिगड़ता है, खिलता है
धुएँ किसी धुंध की चादर सिलवटों भरी कई बार अपने को लिपटे हुए देखा
सुरमई धूप चीरते हुए चादर को निकली, दिखी प्रभु की परछाई
सड़क पर जाते हुए।

ऊषा की किरणों से झरा अमृत–सा पानी। धुआँ मुझमें घूमता हुआ निकला बादलों में जा मिला।

बस उस लम्हें की दौलत गँवाना चाहूँगी, अपने ही पाँव पर खड़ी थी अचरज से भरी बताना चाहुँगी।

मेरा अन्दाज

मेरा जोगन भरा अन्दाज दुनियाँ को खलने लगा
मेरे भीतर का बन्द कमल खिलने लगा
जब जोगन बन निकली तूफानों का खौफ नहीं था
खौफ तो बरसात में मिट्टी का घर ढह जाने का था
माथे की सुरंग से निकली नज़्मों की लहरों पर सवार रही
महफिल सजती गई भीतर घड़े–सी खामोशी फूटती गई
छलकती आँखों का अहसास उत्साह बढ़ाता गया बस
दुनियाँ को मलीन करने का बहाना रंगीन चाहिये था
राह पकड़ ली थी मंजिल भी मिल जायेगी
रास्ता तो अँधेरे भी नहीं रोक पाये उजाले का
जमाना भी सता कर क्या रास्ता रोक पाया मेरा

जोगन

मैं माटी की बनी जोगन, जीवन मेरा दर्द भरा
खाली मय के गिलास–सी दर्द भरता रहा जमाना
बिन चिराग जलती रही, गजल बन धुआँ उड़ता रहा
उम्र बीत गई जिन्दगानी ऐ दिले तलाश में
दर्द का हिस्सा बनी तन्हाई भी अंधेरों में महकने लगी
खुद की तलाश कर प्रभु का मयखाना पहचान गई
भरा देह असीम सम्भावनाओं को पहचान गई
आँखों में गजब की तस्वीर उभरने लगी गूँजने लगी
जीवन का सजल संगीत बजने लगा, धरती का श्रृंगार देखा
बिना साज–बाजे बजने लगे, सतरंगा देख चमत्कारी चौमासा
बौछारों से अमृत झर–झर आता गूंज पड़ा, तन–मन मोह लिया मेरा

मैं जोगन

मेरी जोगन भरी मस्ती मुझे कहा खींच लाई
जहाँ जोगन के सिवा मस्ती ही मस्ती रह गई
तन्हाईयों में खींच लाई पूछ बैठती थी मेरा हाल
घंटों तकती खाली–खाली सी दिखती करती सवाल
मजा आया जोगन भरी मस्ती में दिल खाक हुआ
जमाने की महफिल में, दिल जला राख भी न हुआ
शमा परिंदों–सी उड़ती रही दिल का श्रृंगार हुआ
मजा खुदा की चाहत का तब ही आया
गजल खुद ही मेरी तन्हाई बनी
दर्द सहने की आदत बनी
जिन्दगानी ऐ दिल अब जा के समझी
तन्हाई से बड़ा हमसफर न कोई हुआ
उमर बीत चली, कोई हमसफर न बना
तलाश मेरी कहाँ खींच लाई
खुद ही खुदा के घर ले आई
खाली–खाली से लगते थे मय के जैसे दिखते थे

तन्हाई में आहट हुई अँधेरों में रोशनी महक आई
मेरी जोगन भरी मस्ती निखरती गूँजती चली आई

मुलाकात

पीते–पीते दर्दे गम जिस्म का होश न रहा
मैं गहरी छुपी पकड़ती रही गम में डूबती गई
आईने–सी मुलाकात खुद से करती गई
जाने जिन्दगी क्यूँ अधूरी–सी दिखती थी
कमी क्या रह गई, अभी तो है.......
हे कृष्ण! जरा मुलाकात की घड़ी
अब पत्थर बन न मुस्कुराओ
ये मुस्कुराना न सह पाऊँगी
मेरी क्षमता नहीं अब ये चुप्पी भी सह पाऊँगी
खामोशी अब मेरे भीतर की मुझे नोचने लगी है
जिस्म में भी खामोशियाँ शोर मचाने लगी हैं
अब ये रात की कालिख हटाओ, पर्दा भोर का गिराओ
जिस्म की ये उधेड़–बुन मुझसे जुड़ती नहीं
कौन जाने रब ने मेरे तन की मिट्टी किस पैमाने से रची
सफर तन्हा गुजर गया सिर्फ आँखों में पानी नहीं
यह तन भी घायल लिए फिरती रही
भरी किताब–सी दिखती हूँ, कृष्ण
एक झलक ख्वाब में देखूँ अब जी भरता नहीं
अब तो दिल जलता है जले दिल खाक न हो
मेरी जोगन भरी मस्ती में कृष्ण के सिवा कोई हस्ती नहीं

हमदर्द

हमें आदत हुई तन्हाई की अब साए से क्या डरना
अब बेवक्त भीड़ में भी तन्हाई बातें करती है
मजा चाहत का जोगन में ही आया
गम के बगैर खुशियाँ खिल जाए

ऐसा मुनासिब नहीं जोगन की तन्हाई में
दर्द में यूँ जीने की आदत–सी हो गई
अब दर्द के बगैर दर्द–सा होता है
अब जीने में दर्द ना हो कम्बख्त
खाली–खाली सा जीवन लगता है
खुद की तलाश में समझ देर से आया
खुदा करीब का हमसफर निकला
दर्द का हिस्सा देकर हमदर्द निकला

मेरी परछाई में ये अक्स मैं किसका देखूँ
एक बूँद देखूँ ये तो सागर का हकदार निकला

रिश्तों ने घायल किया खून ने खलल डाला
मगर किसी गैर ने सहारा दे भ्रम तोड़ डाला

दुनियाँ नशा करती है
शराब, चरस, अफीम, गाँजा, कोकीन का
ऐ खुदा तुम्हारी आवाज जो सुन ले
इससे ज्यादा नशा उससे हो जाए
तस्वीर जो उभर आये आँखों में
प्यासे भी समुन्द्र का जल पी जाए

नाच जोगन नाच

निकल आई अंधेर कोठरी से
माँ छोड़कर जाती है तो जाए
बाप भी बोलता जाए
भाई–बहन ना बोले
अपनी टोली अलग बनाये
ये उनकी शान

दोस्तों ने किया किनारा
अब हौसला कोई नहीं देने वाला
नाच जोगन नाच
रोज लिखुँगी उन्हीं गलियों में
नाचुँगी उफ ना करूँगी
जालिम जोगन ने, मुझे अवारा बनाया
अब थोड़े में क्यों मरूँ
सारी रिश्तेदारी खत्म किये फिरूँ
अब कृष्ण का अक्श उतरा
सच्चाई का सैलाब झरा है
नाच जोगन नाच

गहरी तपती प्यास

सामने भरी दुपहरी, दो मजदूर दो जून को पत्थर तोड़ते देखती रही,
मालिक काम दे, मकान की बिल्डिंग में लिफ्ट में चढ़ गया देखती रही।
एक बोतल पानी था, पी गये दो घूंट में, दो बजे प्यास जगी,
एक भागा पानी लेने।
सोचा होगा नीचे ही किसी से माँग लूँ, सात घर घण्टी बजाई,
कोई हरकत न हुई।
मैं दूर सुराख से देखती रही, आखिर कुछ घर छोड़ एक घण्टी बजाई,
महिला आई।
पानी लाई साथ ही मीठा पानी भी बना कर लाई,
मैं बड़ी हैरत में थी दो जग पानी पीया।
मजदूर की प्यास गहरी तपती प्यास रही होगी, जो इतना पानी भीतर ले गई।
बहुत फर्क महसूस हुआ, ऐसे की प्यास कैसी होगी, कूलर की प्यास,
प्यास ने खोली पोल।
कैसा अद्‌भुत नीरस हृदय धूप में तपता होगा,
निस दिन एक घूंट पानी खातिर तरसता होगा।
समुन्द्र लांघने वाली थी तपती प्यास,
क्या वे थे समाज सुधारक कितने जन की खोली पोल।

सभी के भीतर समाया दिव्य तत्व को वंदन करती हूं। दोनों कर जोड़ कर ब्रहम शब्द में बैठा ईश्वर हकीकत में जानकर बया करती हूं। अस्तित्व में हुआ अपना ट्रांसफर कण कण में पाया निवास। समाधि लगा फिरी आजाद पंछी।

सबके जीवन की यात्रा चल रही है। लेकिन पहचान कोई नही पा रहा। जन्म और मृत्यु के बीच का समय को सार्थक करना है। सभी भटके हुए है। बाहर तलाश कर रहे है। जो भीतर कुंडली मारे बैठा उसे काशी, काबा में तलाश रहे है। यह तो स्वमं के भीतर छिपे नाग को जगाना है। उसकी फुफकार जो सह गया वो तर गया। अपने मे समर्थ हो गया। गीता, कुरान, बाइबल पढ़ कर समझाने वाले बहुत मिलेंगे। उस मणि को पाने के बाद शब्दो मे परमात्मा का एक सन्देश है। गजब की यात्रा है ना कहि जाने की ना ही लौट आने की प्रभु के धाम की ।

अपने बारे में जब भी सोचेगे एक सवाल उठेगा। मैं कौन हूं और कहा से आया हुँ। जीवन मात्र एक अवसर है जन्म और मृत्यु के बीच का समय । कोरी किताब प्रभु की दी स्वासों कि भेंट। क्या लिखते हो यह तुम पर निर्भर है। केवल तुम पर इस दृश्य जगत में जो भी आकर्षण है वह अस्तित्व की सर्वोपरी शक्ति के कारण है।समस्त आनन्द का सागर दिव्य परम् तत्व है। अध्यात्म ब्रह्मज्ञानी गुरु जो अस्तित्व में समाया परम् तत्व है। उसी को देखते है। सिद्ध को समस्त जीवों का तत्व सक्रिय तत्व मालूम पड़ता है। ज्ञानी दृश्य जगत की प्रत्येक वस्तु को तत्व सम्बंधित देखता है।

कोई भाग्यशाली व्यक्ति ब्रह्मज्ञानी की शरण ग्रहण करता है।भौतिक जगत से दूर हो मुक्ति का द्वार खोलता है।जो पवित्रता पर निर्भर करता है। यह ब्रह्मज्ञानी के चरणविन्द की शरण सम्भव है। सतलोक दूर नही माया के बंधन में बंधा व्यक्ति देख नही पता। जगत का अखण्ड विस्तार में अंजली भर जान के भी अज्ञानी ही रहता है।